생각하는 보거스
https://brunch.co.kr/@d359e7dda16349d
20대 중반에 1억 모아 주식투자로 5년 째 불리고 있습니다.
동사무소에서 긴급지원물품 받던 흙수저 출신입니다.
가난 탈출을 목표로 현실 적용 가능한 구체적인 방법을 제시합니다.

흙수저 매뉴얼

발행   2023년 01월 05일
저자   생각하는 보거스
펴낸이   한건희
펴낸곳   주식회사 부크크
출판사등록 2014. 07. 15(제2014-16호)
주소   서울특별시 금천구 가산디지털1로 119 A동 305호
전화   1670-8316
E-mail   info@bookk.co.kr
ISBN   979-11-410-1027-0

www.bookk.co.kr

흙수저
매뉴얼

생각하는 보거스 지음

BOOKK✎

차례

▌이 책을 읽어주실 고마운 분들에게

카카오 브런치 작가로 활동하고 있는 '생각하는 보거스' 입니다. 오늘 하루도 평안히 보내셨기를 진심으로 기원합니다.

처음으로 책을 써봅니다.

저는 투자 고수가 아닙니다. 제가 고수인 방면은 흙수저로 태어나 그 운명을 거슬러 올라가는 의지입니다. 지금 가져가고 있는 연 평균 주식투자수익률 20%는 부산물일 뿐입니다. 이제껏 험난한 가난 속에 성장하며 터득한 실전 싸움 방법을 알리기 위해 책을 내게 되었습니다. 우리가 가난한 집에서 태어났다고 해서 죽을 때까지 가난해서야 되겠습니까. 운명을 거스른다는 것은 쉬운 일이 아닙니다. 그러나 저는 제 가족과 제 자신이 세상 그 무엇보다 중요합니다. 목숨을 걸고 보호해야하는 존재입니다. 당신도 그렇지 않습니까?

이 방법론을 널리 알려 다른 흙수저들도 잔혹한 현실에서 실용적인 성과를 얻어 낼 수 있도록 하고자 합니다. 어떠한 상술도 들어 있지 않기 때문에 단기간 큰 성과를 이룰 수 있다는 내용은 없습니다. 정직한 노력과 시간이 드는 방식입니다. 그러나 단언컨데, 그런 방법 중 가장 빠르며, 가장 적당한 리스크를 최적화한, 가장 효율적인 전략이라고 자부합니다.

이 매뉴얼을 대들보 삼아, 당신의 앞날에 무궁한 자유가 깃들기를 기도합니다.

프롤로그

█ 여기까지 오게 된 내 이야기
한국에서 가난을 삭제하겠다는 사명

대기업 3년, 스타트업 1년, 계약직 1년을 내 발로 걸어 나오고 경찰공무원 시험을 낙방하였다.

잃을 게 없는 절박한 상태일 때, 나는 글쓰기에 나 자신을 온전히 던져 불태울 수 있었다.

유일한 수비는 끝없는 공격이라는 격투기의 명언처럼 나는 쉬지 않고 덤벼들었다.

나의 사명이자 목표는 금융 지식과 마인드셋이 하수인 대다수의 사람들을 중수로 만들어 한국에서 가난을 삭제하는 것이다. 95년 생 흙수저로 몸소 겪어 보니 사무치게 고통스러운 삶이다.

내가 펴내는 이 글은 자청, 신사임당처럼 거대한 성공을 하자는게 아니다. 가장 평범한 흙수저들이 스스로의 미래를 가눌 수 있도록 현실적인 안전장치를 갖추게 하기 위함이다. 그 안전장치라고 함은 40세 전후로 11억의 자산을 보유하는 것이다.

한국 진또배기 흙수저인 나의 이야기를 담담하게 해볼까 한다.

내 나이 열여섯에 아버지 모직물 수출 사업이 망했다. 20 억 가량의 채무에 한 가정이 어떻게 힘없이 쓸려내려 가는지 생생히 기억이 난다. 오래된 상가 건물 3 층의 여름이면 바퀴벌레, 겨울이면 물도 얼어 안 나오는 그런 집에서 살았다. 매일 아침 부모님 싸움 소리에 맞춰 일어나 등교했다. 집에 먹을 게 없었다. 당시 동생은 갓난아기였다. 그렇게 중고등학교를 보냈었는데 다행히 은사 같은 선생님을 만나 공부는 열심히 했다. 장남이라 빨리 돈 벌어야겠다 싶어 해양대 진학해서 졸업하자마자 컨테이너선에서 3 년간 죽을 둥 살 둥 근무했다. 근무 중 동료 몇 명과 학교 선후배들을 사고로 잃었다. 나 역시 그간 10 번 정도는 죽을 고비를 넘겼다. 손등과 발목에는 쇠파편 자국이 남았다. 그리고 한국 들어온 지 2 년째다.

지금 와서 돌이켜보면 끝도 정도도 없는 잔인한 10 대, 20 대였다. 가난에 의해 나는 사지로 내몰렸다. 물론 스스로 선택한 길이지만 온전한 스스로의 선택이었다고는 할 수 없었던 것이었다.

그저 살아 돌아와 글을 쓸 수 있다는 사실을 다시 한번 깨닫고 하늘에 감사할 따름이다.

억울했다. 왜 이리 비참하고 비굴하게 살아야 하는가에 대한 억울함이었다. 탓하고 원망한다고 내일 나아질 것이 없다는 걸 너무 일찍 깨달은 탓이었을까. 문제의 근원이 돈에 있다는 것을 알기까지는 오래 걸리지 않았다. 고등학교, 대학교, 직장인 근 10년간 경제, 투자와 관련된 지식 쌓기를 꾸준히 했다. 절실했다. 그 지식을 실전에서 적용한 시간은 5년 정도 되었다.

나는 최고의 투자자가 아니다. 그저 주어진 현실에 흙수저로서 최선을 다하는 꽤 괜찮은 투자자다.

저축과 펀드를 이용해 이십 대 중반에 1억 가량의 시드머니를 모았고 후반인 지금은 주식 투자로 연평균 20% 정도의 수익률을 가져간다. 목표는 38세에 금융자산 11억을 달성하여 파이어족이 되는 것이다.

이렇게 할 수 있는 방법을 찾고 실전에 익숙해지는 데에 10

년의 시간이 걸렸다. 왜 이리 오래 걸렸을까? 흙수저의 문제점이 여기서 나타난다. 우리 흙수저는 부모로부터 지원받을 수 있는 물적, 지식적 자원이 없기 때문이다. 물적 자원보다 지식적 자원이 없다는 게 가장 큰 문제다. 관심이 없고, 그래서 알 수 없고, 그래서 이해 못하고, 그래서 믿지 못하고, 그래서 의심하고 합리화해서, 그래서 10대 20대에 자산 불리는 행위 중 아무것도 안 하는 아무거또상이 되어버린다.

공부량이 좀 쌓이고 보니 저게 핵심이었다. 자산을 불리는 행동 스타트 끊는 게 30대면 살짝 늦은 거고 40대는 어지간히 늦은 거고 50대는 아이고야 싶고 60대는 지금 시대에선 큰 이변이 없는 한 현실적으로 쉽지않다고 보는 게 맞다. 어느 정도 관심이 있는 사람이라면 이 정도는 피부로 느끼시리라. 그런 사람들은 유튜브나 블로그 또는 서점에서 열심히 찾아보기는 할 테지만 그것만 보고 어떻게 해야 되는지 감이 잘 안 잡혀 의지가 꺾이는 경우가 대부분일 것이다.
피 같은 내 돈에 대한 문제다 보니 실전을 치르기에 겁도 많이 날 것이다. 더해 개인적인 상황도 천차만별일 것이다.

나도 그런 사람들 중 한 명이었다. 어떤 방법을 공부할 때 구체적인 내용 없이 두루뭉술한 얘기만 반복하는 책들에 답답해했었다. 그래서 뭐 도대체 어떻게 돈 버는 것이냐 하는 갑갑한 마음이 왈칵하고 올라오곤 했다.

다들 공감할거라 생각한다. 이 부분을 최대한 해결하여 한국 흙수저들에게 실용성을 제공해보려 한다.

흙수저에서 여기까지. 철저하고 가혹한 실전 속에 살아온 95년생이 '흙수저 상황에 맞는 가장 효율적인 경제적 갱생 방법'을 구체적으로 하나하나 짚어가며 다뤄볼 것이다. 눈썹털 나고 28년간 나보다 쩐내 나게 살았던 또래를 보지 못했기 때문에 정말 자신 있다.

'3장 : 돈의 본질'에서는 흙수저가 생존하기 위해 필요한 마인드셋과 기초체력을 갈고닦기 위한 구체적인 현실 이론을 다루며 '4장 : 흙수저 탈출 매뉴얼'에서는 실제로 자산을 늘리기 위해 시행해야할 돈관리와 투자 전략에 대해 구체적인 방법을 순차적으로 제시한다. 궁극적으로 흙수저가 경제적 자유에 도달하기위해 갖추어야 할 핵심 중 핵심 도구들이므로 보다 집중해서 읽어 나가길 바란다.

흙수저의 시드머니는 생명과도 같다. 흙수저가 시드머니를 모으는 게 얼마나 어렵고 힘들고 뼈저리고 비참한지 직접 느껴보았다. 흙수저의 사업이나 투자는 효율적이면서 동시에 어느 정도 안전성이 있어야 한다. 절대 잃지 말아야 하며 또한 단순하기까지 해야 한다. 왜냐하면 나를 포함한 흙수저들 금은수저에 비해 상대적으로 돈에 대해 못 배웠기 때문이다. 담백하게 인정해야 한다.

폭풍의 눈 속에 있던 갓난아기 동생은 중학생이 되었다. 집에서 동생에게 부를 일구는 방법과 마인드에 대해 개인 과외를 해주다 이런 글을 쓰기 시작했다. 내가 사서 읽은 책들을 가져다 읽히고 거실에서 옛날 달력 뒷면을 벽에 걸어놓고 매직으로써가며 강연을 한다.

기특한 녀석은 지금 모의주식투자도 해보고 있다. 열심히 해줘서 대견하고 고마울 따름이다. 어쩌면 이런 반 박자 빠른 금융지식교육이 내 동생뿐만아니라 많은 흙수저들을 가난에서 벗어날 수 있게 해주지않을까 싶었다. 가난을 극복하고자 하는 절절한 마음을 알기에, 이 글을 찾아본, 스스로를 돕고자 하는 사람들을 내 정성을 다해 돕고자 한다.

제1장
동기부여

돈에 관심이 안 생기는 당신에게

오늘 일터에서 무슨 일이 있었냐면요

바쁠수록 돌아가면 그냥 지각이다

나는 3년 만에 1억 이상을 모았다

나는 안될 거라 생각 말지어다

돈에 관심이 안 생기는 당신에게
나는 성선설을 믿고 싶다

돈에 관심이 안 생긴다는 흙수저들이 정말 많다. 그래서 그들의 생각을 바꾸기 위한 처음이자 마지막 글쓰기를 해본다. 어려운 말로 이야기하지 않겠다. 슬프고 앞뒤가 안 맞는 황당한 현상이므로 이 주제로 여러 번 쓰고 싶지 않다.

나는 서른이 가까워 있다. 많은 나이도 아니지만 마냥 어린 나이도 아니다. 이쯤 되면 내 부모 얼굴이 자글자글해지는 게 눈에 보인다. 그리고 부모님들의 부모님들을 보라. 이미 돌아가셨을 수도, 요양병원에서 끝을 기다리고 있을 수도, 병마와 싸우고 있을 수도 있다. 곧 우리네 부모님의 20년 후 모습이다. 20년 후면 당신도 이제 정말 어른 나이다. 자식이 있을 수도 있고.

나는 우리네 부모님들이 조부모님을 돌볼 수 없는 현실을 자주 본다. 그들 자신의 앞가림에도 아직까지 바쁜 것이다. 홀로 남겨져 초라해져 버린 늙은 아빠 엄마들이 인생의 끝자락에 다다르는 걸 보며 슬퍼한다. 그걸 생각해 보길 바란다. 당신도 부모님이 있을 것 아닌가.

나이가 칠십 팔십쯤이면 눈도 귀도 뱃속도 작동이 안 된다. 여기저기 고장 나서 센 약을 먹기 시작하면 부작용으로 환각이 온다. 귀신이 보인다고 한다. 밥을 언제 먹었는지 기억이 안 난다는 사람들도 있다. 화장실을 가려고, 뭘 먹어보려고 절뚝절뚝 힘겹게 걷는 건지 기는 건지도 모르게 움직인다. 내 능력이 안 되면 그런 부모를 방치해야 된다. 달리 뭘 어떻게 할 수 있을 것 같은가. 우리네 부모님들이 빤히 다 보여주고 있지 않은가.

그게 정녕 당신이 하고 싶은 것인가?

당신은 그것뿐이 안되는 사람인가?

이래도 돈 공부에 관심이 안 생긴다 할 것인가?

이쯤 되면 정신이 번쩍 들어야 한다. 그럼에도 가슴속이 그저 밍숭생숭하다면 그냥 포기하라. 황혼에 다다라 거대하고 날카로운 고통이 당신의 마지막까지 함께 할 것이다. 이건 내가 하는 생각이 아니라 진리이다.

사람은 언젠가 병들어 죽지 않는가.

▌오늘 일터에서 무슨 일이 있었냐면요
크리스마스 이브였습니다

나의 출근 시간은 오전 8 시. 이른 아침부터 콧물을 찔찔
흘리며 출근한다. 백화점에서 일하고 있다. 우리
매장에는 나보다 나이가 많은 분들이 일하신다. 삼촌이나
이모뻘이다. 오늘 있었던 일을 꼭 쓰고 싶었다. 밤이
되었다. 내가 가장 글을 잘 쓸 수 있는 시간이다. 모든
것이 착 가라앉고 캔들 등불 속 나 혼자만이 존재할 때,
글은 술술 써내려 가진다.

원래 나와야 하는 시간보다 늘 일찍 나와 솔선수범
하시는 여사님이 계신다. 매사 열심히 하시고 이타적인
분이시다. 나도 잘 따르는 편이고 사이가 아주 좋다.
일터에 그런 사람들만 있지 않다는 건 다들 아시리라.
보통 백화점 개장 전 시간에 해야 할 일이 많아 바짝
바쁘다. 이것저것 정리하던 와중 오전 9 시가 되기도 전

싸움이 났다. 다른 여사님이 이타적 여사님에게 막말을
해댔다. 나도 평소에 별로 좋아라 하지 않던 사람이었다.
다른 일 하다 말고 본 것인지라 자초지종은 모른다.
그러나 내 어머니뻘보다 몇 년 어린 어른 입에서 그런
상스러운 말을 하는 걸 보았다. 공복에 잠도 덜 깬 시간에
말이다.

다른 대장 여사님의 중재로 10 분간의 싸움은
일단락되었다. 나는 이타적 여사님이 오늘도 남들보다
일찍 출근했다는 걸 안다. 마음이 너무 안 좋았다. 얼마나
화가 날까. 오늘은 크리스마스 이브였다. 없는
주머니이지만 직원 카페에서 라떼랑 쵸코빵 사서 몰래
드렸다. 구석에서 혼자 우시는 것 같아서였다.

어쩌 저쩌 오전 근무가 끝나고 점심을 먹었다. 오후 근무
시간이 되어 매장에 들어오니 이건 또 뭔가 싶었다. 한
여자 고객님이 토마스 기차 화통처럼 매니저에게 빽 소릴
지르고 있었다. 이 일도 자초지종은 모른다. 나는 밥 먹다
왔기 때문이다. 화가 많이 나보였다. 경찰을 부른다는
윽박도 들었던 것 같다. 여러 브랜드 매장이 백화점에
입점해있고 CS 를 통합 관리하는 백화점 측은 이런

문제에 있어서 상당히 예민하게 반응한다. 그 고객님은
매니저를 데리고 백화점 관리부서로 간 모양이었다.
1시간 뒤 우리 매장 사무실로 내려와 찔찔 울고 있는
매니저를 보았다. 먼지 나게 털리고 온 모양이었다.
오늘은 크리스마스 이브였다.

이런 현상은 비단 내 일터에만 한정되는 이야기가
아니다. 그렇다. 오늘은 크리스마스 이브였다. 노는
사람도 많았겠지만 그 사람들 놀아주려고 일한 사람도
절반은 될 것이다. 전국의 사람들 중 오늘이 영 수습이 안
되는 사람들 분명히 더 있을 거다. 적지 않게 말이다.

이 일화의 요지는 어떤 선택을 하더라도 고통은
존재한다는 것이다. 양으로 산다면 평생 저 고통에
시달리다 삶을 마쳐야 한다. 대신 리스크를 걸고
도전해야 하는 고통은 없을 것이다. 사자로 산다면
리스크를 걸고 도전하는 고통을 겪어야 한다. 성공하면
갈퀴털이 멋진 수사자로 진화한다. 실패하면 기회비용이
sunk cost가 되어버리는 고통을 겪게 된다.

이 문제에 대한 내 주관을 이야기하기 전에 인생
후반기에 대해 말해보고자 한다. 50 대 이후의 삶이다.
양으로 산다면 직장을 나와야 하는 시기니 그 안에서 볼
아니꼬운 일들은 없게 되겠다. 그러나 준비되지 않은
노후로 인한 새로운 고통이 그들의 삶에 깃들게 된다.
사자로 살겠다고 칼을 뽑은 자들. 이들은 20 대 30 대
또는 40 대에 칼을 뽑았을 수 있다. 최악의 경우는 50 이
다 되도록 이렇다 할 성과를 못 본 사람들이겠다. 도전과
실패의 반복도 상당한 고통이다. 지금 내가 느끼고 있다.

나는 사자의 삶에 베팅하고 싶고 이미 베팅하고 있다.
양의 삶은 가능성이 없다. 사자의 삶은 가능성이 있다.
이것이 내 믿음이다. 독자들에게 대단스럽게 강요하고

싶지는 않다. MZ 세대에 파이어족을 꿈꾸는 나다.
누구보다도 경제적 자유를 열망하는 내가 골을 싸매고
고민해 보았다. 그러니까 나는 2022년에 20대
후반으로 억 단위 주식투자를 하고 있다. 아무도
도와주거나 알려주지 않았다. 노예처럼 처절하게 모아서
스스로 공부했다. 스스로 투자를 시작했다. 이렇게
살아보려고 발버둥 치는 내가 바득바득 고민을 해
보았다는 것이다.

당신은 어떻게 생각하는가.
그리고 어떻게 할 것인가.

▌바쁠수록 돌아가면 그냥 지각이다
돌긴 뭘 도나

일단 미안하다. 나도 이게 사실이 아니었으면 좋겠다. 근데 이
미 알아버렸다. 바쁠수록 빨리 가야만 한다는 것을. 빈익빈 부
익부는 지금도 진행 중이다. 시간이 지날수록 고착화될 것이다.
고착화가 무슨 말인가. 더 단단해져 버린다는 뜻이지 않는가.
지금 올라갈 수 있는 사다리가 10개 깔려 있다면 10년 뒤에는
5개쯤 남아 있을 것이다.

당신이 부자로 태어났다고 가정해 보자. 자신에게 솔직해져 보
라. 그 자리를 더 굳건히 지키고 싶을 것이다. 없는 우리들 중
에 '나는 아닐 거야'라고 자신 있게 말할 수 있는 사람 있는가.
가진 돈 다 기부하고 맨날 출근하고 상사한테 욕먹고 살겠다고
하는 부자를 봤는가. 그런 사람 없지 않은가. 부자 자리를 굳히
고자 하는 그 의지가 내가 말한 사다리를 넘어뜨려 없애고 있
다. 예를 들어 볼까. IMF 구제 금융이 있고 나서 정규직이 비정
규직으로 전환되고 계약직도 대량 늘었다. 은행은 돈이 없는 사
람에게 대출해 주지 않는다. 돈이 많은 사람에게 더 많이 대출
해 준다. 증권사에서도 큰 손에게 혜택을 더 많이 준다. 노상 하
는 이벤트 내용을 살펴보면 큰 금액 이상의 거래를 했다면 아

예 돈을 쥐버린다. 돈 많으니까 돈 더 받으라는 거다. 사법 시험이 없어지고 로스쿨이 생겼다. 지난 7월 종부세, 법인세, 소득세 개편도 그렇다. 연 8천 이상 버는 사람에게 실질 세율 더 많이 깎아준다.

> 바쁠수록 바삐 가야 하는 게 팩트이다.
> 리스크 관리는 해야겠지만.

표면에 드러나는 일들이 저 정도고. 사실 더 많은 일들이 흙수저가 알아들을 수 없는 명칭과 시스템으로 사다리를 없애고 있다. 분노하고 부정한다고 달라질 일이 아니다. 인간의 이기적 본능일 뿐. 우리가 대처할 수 있는 일은 사다리가 하나라도 더 남아있을 때 최선을 다해 달려보는 것이다. 조급해 하지 말고 천천히 해서 힘드나 빨리해서 힘드나 힘든 건 똑같다. 기왕 똑같이 힘들 거면 그냥 더 달리는 게 맞다. 구체적인 목표는 이러해야 한다.

"

40세 전으로 11억 구축. 현실적인 캐시카우 크기.

방법은 자기 기호에 맞게. 그러나 멱살 잡고 달려야 한다. 나는 그렇게 생각한다. 내가 보는 내 또래 내가 믿는 사람들은 다 그렇게 산다. 다들 힘들다고 안 해도 얼굴에 다 쓰여있다. 오지게 힘들어 보인다. 아마 그들이 보는 내 얼굴도 똑같을 것이다. 그렇기에 우린 서로에게 말한다. 우리 20년 뒤가 기대된다고 말이다.

진정한 행복은 불행을 막는 것에서 시작한다.

- 가난해본 보거스의 생각

▌ 나는 3년 만에 1억 이상을 모았다
가난과 부서진 가정은 나를 사지로 내몰았다

고등학교 때 공부를 막 잘하진 않았어도 웬만큼 했다. 수능 보고 이것저것 정리해보니 인서울이나 지방 국립대 정도를 가볼 만했었다. 당장 돈은 벌어야겠다만 해놓은 게 아까워서 대학을 가는 걸로 맘을 잡았다. 당연히 사립은 어림없었다. 국립대 중에서도 돈 한 푼 안들 수 있는 해양대를 입학했다. 취업률이 높았고 졸업 후 산업요원처럼 병역 특례를 받으며 빠르게 돈을 벌 수 있었다. 대학교 생활도 열심히 해서 장학금 받고 다녔다. 군대 같은 학교 생활을 마치자마자 취업이 되었다. 항해사가 된 것이다.

당시의 나는 투자 실전 경험이 전무한 상태였다. 먹고 죽을 돈도 없는 흙수저 대학생이었다. 그래도 투자 공부는 타 또래들보다 많이 한 상태였다. 일 시작하면 애초부터 돈 잘 모아 1억 시드머니 만들 생각 했고 실전 투자도 해보고 싶었다. 그러나 내가 취업이라고 한 기업은 사무실에 출근하는 그런 일이 아니었다. 컨테이너선에 올라 8-9개월 바다 위를 다녀야 했다. 한국에 없는 것이 아니라 땅에 없는 것이다. 핸드폰도 거의 안된다.

그럼 어떻게 했을까? 보험에서 절충안을 찾았다. 학교 다닐 적에 업계 선후배 사고소식을 여럿 접했기 때문에 생명보험을 드는 동기들이 많았다. 일반적인 보험회사에서는 선원에게 보험을 잘 안 들어준다. 위험한 일터이기 때문이다. 졸업 선배 중 선원 보험으로 특화하여 우리 출신들 보험을 해주시는 분이 계셨다. 그분을 통해 보험을 들고 펀드 투자도 계약하게 되었다. 초심자 흙수저였던 나는 그렇게 첫 투자에 뛰어들게 되었다. (지나고 생각해보면 어리고 멍청했던 난 운이 좋았다고 볼 수 있다. 그 선배님은 적어도 나쁜 마음을 가진 사람은 아니었다.)

그렇게 컨테이너선에 올랐다. 내 인생에서 가장 비참하고 비굴한 시간이 그렇게 시작되었다. 뱃사람들은 거칠다. 말도, 행동도, 생각도 그렇다.

"

괴물과 싸우려면 괴물이 되선 안 된다. 괴물과 싸우는 사람은 그 싸움 속에서 스스로도 괴물이 되지 않도록 조심해야 한다. 우리가 괴물의 심연을 오래 동안 들여다본다면, 그 심연 또한 우리를 들여다보게 될 것이다. - 니체

길이 300미터 폭 40미터 안의 철판 덩이에 아홉 달간 갇혀 항해와 갑판 작업을 했다. 2차원 인생이다. 모든 것이 중장비이고 목숨을 걸고 하는 일이다. 배는 무겁고 차가운 쇠와 철로 이루어져 있다. 사고 나면 최소 중상에 병원을 바로 갈 수도 없다.

3년간의 수면부족과 고립된 생활, 살인적인 노동 강도에 의한 신경과민으로 나는 망가져갔다. 그렇게 망가진 사람들끼리 반년이 넘게 동고동락한다. 또는 서로 쥐 잡듯 싸우며 지낸다. 작은 통에 쥐를 여럿 넣어서 두면 서로 물고 뜯어 죽이는 것과 비슷하다. 사실 후자가 대부분이다. 하루하루가 그렇고 여자 친구, 마누라 자주 도망간다. 그래서 뱃사람들이 그렇게 술 담배에 절어 산다.

배를 타다 선원 교대가 된다. 한 달 내지 두 달의 휴가를 준다. 그때마다 엄마를 보면 한 줌 한 줌 늙어 있었다. 동생은 듬성듬성 키가 커져있었다. 잔뜩 헤어진 몸을 조금 추스르고 나면 회사에서 연락이 온다. '다음 배는 언제입니다. 준비하세요.' 한다. 그러면 다시금 시한부 인생이 된다. 속절없는 담배만 태우다 간다. 노예처럼. 무식하게 큰 캐리어와 배낭을 가지고 바다로 나가는 날, 엄마는 울었다. 늘 뉴스에서 사고소식은 나지 않을까 노심초사였다. 항상 머리맡에 휴대폰을 두고 주무셨다고 한다.

친할머니 장례식장도 산소도 못 갔다. 나는 남중국해 한가운데 떠가는 큰 쇳덩어리가 뿜어내는 매연 냄새와 함께 칠흑 같은 수평선을 보며 하염없이 눈물만 흘렸다.

청춘 가장 꽃다운 나이에 지옥의 회전목마였다. 3년 동안 저 짓을 반복했다. 전역이 될 때까지는 꼼짝 마라였다.

대학교 다닐 때 이미 예상했다. 사지나 멀쩡히 해서 돌아오면 성공한 거라고. 그래서 직접투자는 아예 선택지에서 제외했다. 저런 폭풍에 휘말린 삶을 사는데 투자 마인드셋이 건강할 리 없다고 생각했다. 지나고 보니 아주 맞는 판단이었다.

급여는 또래에 비해 많은 편이었다. 달에 평균적으로 400만 원 정도 저축이 가능했다. 대부분의 돈은 계약한 펀드 계좌로 자동이체가 되었다. 보험 회사에서도 펀드를 한다. 다행스럽게 그 펀드 역시 s&p500과 russell 1000 등 대부분 미국 지수를 추종토록 설계된 상품이었다. 배를 몇 번 탈 동안 느린 듯 안 느린 듯 잘 올라갔다.

그러다 코로나가 덮쳐왔다. 당시 나는 세상 살면서 처음으로 금융적인 위기를 맛보게 되었다. 주가는 자유낙하를 시작한 것 같았다. MDD를 낮추기 위해 이 지수 저 지수로 섞어놓은 그 펀드마저도 거의 -20%가 찍히는 걸 내 두 눈으로 보게 되었다. 돈이 증발되려면 이렇게 되는구나 싶었다. 가슴이 쿵쾅거리고 정수리가 지끈거렸다. 지금 와서는 너무너무 부끄러운 이야기지만 그때의 나는 진정한 투자 초심자 흙수저였다. 마인드셋에서 흙수저 냄새가 많이 났다는 말이다. 내 돈 어떻게 되는 거냐고 그 선배님을 참 많이도 귀찮게 만들었던 것 같다. 글 쓰면서 그 기억하면 그저 웃기기만 하다.

참으로 다행스럽게도 그분의 외부적인 컨트롤 덕분에 중간에 계약을 해지하지 않게 되었다. 한 달, 두 달 시간은 흘러갔고 코로나는 끝날 줄 몰랐다. 그 역병이 해결이 돼야만 주가가 올라가는 것일 줄로만 알았다. 순진했다. 세상일은 아무도 모르듯, 연준에서 무제한 양적완화를 실시했고 코로나와는 무관하게 모든 자산 가격은 일제히 상승했다. 그래서 몇 년은 들고 있었다. 지금은 펀드를 정리하고 득을 보았다. 그렇게 나는 생애 첫 경기 순환을 내 돈으로 경험했다. 똥인지 된장인지 맛을 직접 보고 마인드셋이 훨씬 발전했다. 지금도 그 선배님을 보면 참 부끄럽다.

그런 과정을 거치며 1억을 번 것이다. 3년 만에.

나의 경우, 쓴 약을 한입에 들이 삼킨 것과 비슷하다.

저 종합적인 고통은 진실로 흙수저 태생만이 철저하게 느낄 수 있는 사무치는 고통이다. 쉬운 일이 아니었다. 아무리 경제적 자유가 중요하다지만, 나처럼 이렇게까지 극단적으로 빠르게 모아라 제시하지는 않겠다.

정말 너무나 힘들고 위험했기 때문이다. 나도 저 정도일 줄은 몰랐던 것이다. 음악이 시작되었고 끝날 때까지 춤을 추어야만 했다.

오늘도 사지 멀쩡히 살아있음에 감사한다. 하늘에 감사하고 조상께 감사한다. 내가 글을 쓸 수 있게 손, 손가락이 달려있다는 것에도. 오늘도 내 보잘것없는 글을 읽어주는 사람들이 있다는 것에도 그저 감사할 따름이다.

내가 작가로 나서게 된 이유는 다른 또는 미래의 흙수저들이 내가 겪어온 시행착오를 거름 삼아 더 영리하고 편안하게 경제적 자유의 길로 가도록 인도하기 위해서이다. 나는 진정으로 당신과 당신 가족이 행복하기를 바란다. 그 어떤 외압으로부터 방해받지 않고 자유롭게 당신들의 삶을 주관할 수 있길 바란다.

가장 최근 10년간 10대, 20대의 나이로 흙수저 삶 속에서 파이어족을 목표로 역경을 꾸역꾸역 헤쳐나가고 있다. 그래서 독자 여러분의 진짜 주머니 사정에 있어 실용적인 도움을 줄 수 있다는 자신이 있다.

▌나는 안될 거라 생각 말지어다
흙수저의 이상적 시나리오

내가 생각하는 20대 흙수저의 이상적 시나리오는 다음과 같다. 이게 작동하는 건지 산술적으로 증명을 해보자.

조건 : 200만 원 초반 월급의 흙수저. 사회 초년생. 1인 가구.

어림잡아서 달 100만 원씩 저축한다고 보자.

저축과 동시에 미국 지수 추종 패시브 투자를 반박자 빠르게 진행하여 연평균 12%의 시장수익률을 동시에 누린다.

군대 다녀와서 4년제 대학 졸업하면 26살쯤이라고 보자. 28살쯤 취업한다고 보자. 연에 1200만 원 저축이 일어난다. 5년간 저축한다 보고 평균 시장수익률을 매해 적용해본다. 모이는 중의 저축액에는 절반의 수익률로 대강 계산해본다.

——— 🔖 ———

1년 차 1200x1.06=1272

2년 차 (1272x1.12)+(1200x1.06)=2697

3년 차 (2697x1.12)+(1200x1.06)=4293

4년 차 (4293x1.12)+(1200x1.06)=6080

5년 차 (6080x1.12)+(1200x1.06)=8082

6년 차 (8082x1.12)+(1200x1.06)=10324

즉, 1억의 시드머니를 모으는데 얼추 5~6년 정도 걸린다. 생으로 모았을 때 보다 몇 년은 단축된다. 그렇다면 33-34세에 '1억의 시드머니 탄생 + 본인의 급여 인상' 이므로 충분히 해볼만하다는 이야기이다. 본인이 의지가 더 있으면 저축액을 늘릴 수도 있고 5년 차 투자 실전 짬바면 학습과 연습을 통해 더 큰 수익률을 내는 투자 방법을 전략화 할 수 있다. 34살에서 10년 더 보면 여유 잡아 40대 중반 전에는 11억을 달성하여 파이어족이 될 수 있다는 것이다.

이것이 내가 보는 한국 토종 흙수저의 이상적 시나리오이다. 11억을 달성하고 자신이 투자로써 연평균 수익률 20%를 상회하는 실력을 갖추게 된다면 본인이 여유 있게 쓸만치 쓰고도 자산이 늘어나게 되는 개인 경제 시스템을 구축하게 되는 것이다. 1억은 주거비용으로 묶고 10억은 금융자산으로서 복리를 계속 누리게 되기 때문이다. 연에 이득 본 금액을 쪼개어 일정 부분으로는 먹고살고 대부분으로는 재투자가 이뤄지게 된다. 저 정

도 체급이면 연 4번 주는 배당금도 무시할 수 없다. 그리하여
비로소 육체노동 시스템에서 자유로워지는 것이다.

그러니 희망을 잃지 말고 정진하자.

현실적으로 주판 튕겨봤을 때 아예 가망이 없는 게임이 아니다.

자신의 자산 증식 과정에서 중간점검을 해보고 싶을 수 있다.
점검 시 필요한 점검 툴 2가지를 소개하겠다. '72의 법칙'과 '
낙원 계산기'이다.

——— 🔖 ———

〈72의 법칙〉

72의 법칙이란 연 수익률에 따라 자신의 자산이 2배 불려지는
데 필요한 시간을 계산해보는 툴이다.

계산식

72/x = y

x : 연평균 투자 수익률

y : 자산이 2배 되는데 걸리는 년 수

〈낙원 계산기〉

낙원 계산기는 웹페이지이다.

https://keep-ones.me/#/paradise-calculator

현 보유자산, 연 저축금액, 은퇴시기, 연 수익률 등의 값을 입력하면 은퇴 후 자산, 은퇴 후 월 수입이 산출되는 일종의 간단한 프로그램이다. 이를 통해 현재 자신의 위치, 전략 변경 등의 고찰을 해볼 수 있다.

▌내가 추구하는 '경제적 자유' 란

수드라, 찬드라, 프롤레타리아. 그대들 대에서 끝날까?

성공한 사람마다 추구하는 경제적 자유에 대한 정의가 다르다.
그 사이즈가 큰 사람들부터 예를 들어보겠다.

Big : 켈리 최, 그랜트 카돈, 마윈, 일론 머스크, 제프 베조스,
로버트 기요사키, 앤드류 테이트

Middle : 신사임당, 자청, 박세니

Small : 생각하는 보거스

Big 분류의 인물들은 무한한 확장에 포인트를 둔다. 세계적이
다. 성장하지 않는 상태는 죽음으로 보는 경향이 있다. 효율성,
최적화와는 거리가 멀다.

Middle 분류의 인물들은 전국적이다. 이들은 Big 분류 인물들까지의 큰 확장 개념은 아니다. 어느 정도 규모와 시스템이 구축되었으면 최적화의 상태를 만들려 한다. 그때부터는 본인의 삶에 집중하려는 경향이 있다.

Small, 한마디로 평범한 작은 부자이다. 전국적일 수도, 지역적일 수도 있다. 무한한 확장 또는 규모의 성장보다는 빠르고 효율적인 최적화가 최우선 목표이다. 본인의 삶에 집중하려는 성향이 가장 강하다.

뭐가 맞고 뭐가 틀리다 할 수 없다. 당연히 나는 Big, Middle 권역에 있는 인물들이 나보다 훨씬 뛰어나다고 본다.

모두 소비자가 아니라 생산자라는 점이 공통적이다. 근로자, 노동자가 아니라는 점도 공통적이다. 되려 취업이 안되어 자기 사업을 시작했던 사람들이다.

'Comfort zone'이라는 개념이 있다. 말 그대로 편하고 익숙하다는 이야기다. 매일 하는 일은 비슷하고 따박따박 월급 나온다. 주변에 다른 사람들도 똑같이 살고 있어 마음이 편하다. 자의든 타의든 이곳에 소속되어 있지 않았던 것도 위 인물들의 공통점이다.

내가 배우고 접했던 배경지식으로 미루어 볼 때 이들은 자유인이다.

Comfort zone에 있는 당신은 자유인이 아니다. 노예이다. 옛날에 있었던 흑인 노예를 생각해 보자. 목화솜 따기, 밭 일, 가사 노동 등이 주된 업무였다. 말 안 듣고 일 안 하면 채찍으로 때리거나 밥을 안 주면 되었다. 문제 해결이다. 단순노동이기 때문이다.

산업혁명이 일어나고 현대사회에 들어서면서 단순노동 말고도 해야 할 일들이 너무 많이 생겼다. 공장에서 물건을 만들려면 기계를 알아야 하고 전구를 만들기 위해선 전기를 알아야 한다. 자동차나 비행기를 만들려면 물리를 알아야 하며 반도체를 만들려면 인간 문명의 기술을 집약해야 한다. 이런 일들을 잘 해내려면 몽둥이로 때리거나 밥을 안 줘서 될 일이 아니다. 노예가 주도적으로 해내고야 말겠다는 의지를 가지게 만들어야 한다. 무슨 이유에서든 스스로 연구하고 시도해야 실패와 실패를 딛고 결과물이 완성될 수 있다. 여기서 말하는 그 이유를 무엇이 차지했을까. 화폐이다.

더 나은 제품을 만들어 실적을 인정받으면 승진해서 월급을 더 받는다. 그러니 노예는 자발적으로 월 300만 원에 자기 시간과 정력을 자본가에게 반납한다. 되려 오버타임에 야근까지 불사한다. 노예들끼리 경쟁도 심화되니 이 현상도 더욱 불꽃이 일어난다. 이들의 피와 땀으로 자본가는 걷잡을 수 없이 성장한다. 비로소 노예제도가 대를 이어 받은 것이다. 조금 더 그럴싸해 보이는 포장이 된 것뿐이다.

규모가 크고 경직된 직장에 오래 있을수록 이러한 신 노예제도를 자각하고 상기하는 게 어려워진다. 수직적이고 반강제적인 애사문화가 답습되기 때문이다. 웃기지 않는가. 부장 노예가 과장 노예에게. 과장 노예가 대리 노예에게. 대리 노예가 사원 노예에게. 우리 노예들 노예짓에 더 파이팅 하자고 하는 것이다. 사실 자기들도 다 하기 싫으면서 말이다.

당신이 그런 직장인이라면 한번 생각해 보아라. 내 이야기가 당신 직장 사람들에게 씨알이나 먹힐까? 아마 점심시간에 이런 이야기를 꺼내면 왕따나 당할 것이다.

그럼에도 나는 자신 있게 말한다. 위 이야기는 모두 팩트이다. 책을 쓰고 있는 2023년의 팩트이다. 나는 여기에 휘말리고 싶지 않다. 내게는 지켜내야 할 나 자신과 가족이 있다. 나는 노예로 살기 위해 태어난 것이 아니다. 비록 노예의 자손으로 세상에 나왔지만 말이다.

비싼 집에서 살고 외제차를 타고 쭉쭉 빵빵 여자와 다니며 우월감을 맛보고 싶은 게 아니다. 내가 원하는 시간에 원하는 활동을 외세의 방해 없이 누리고자 하는 것. 그것이 내가 추구하는 경제적 자유이다. 노예가 아닌 자유인의 삶인 것이다.

아득한 백화점 직원식당
명품이 반짝거리는

나는 현재 생계를 위해 백화점에서 일하고 있다. 백화점에는 직원 전용 후방통로와 식당이 있다. 점심시간이 되면 큰 백화점에서 일하는 사람들 모두 밥 먹으러 모인다. 자리에서 밥을 먹다 말고는 수저를 놓았다. 의자에 등을 편히 기대고 머리를 들어 주욱 한번 사람들을 둘러보았다. 뭔가 대단히 잘못되었다는 느낌을 받았고 한 섞인 한숨이 나왔다. 어차피 생판 남 일이니 못마땅한 것은 아니다. 뭐랄까... 멀게 아득해지는 기분이랄까. 워쇼스키 남매의 영화 '매트릭스'를 보았는가. 매트릭스 가상현실에서 살던 주인공 '네오'가 처음으로 현실 세상을 본 장면을 기억하는가.

나는 특출난 사람이 아니다. 그러나 평범한 사람은 아니다. 내
무의식에서부터 한숨이 나온 것에는 이유가 있다. 부모님 뻘 직
원들도 있지만 백화점이다 보니 남녀를 떠나 내 또래가 많다.
2030 들이다. 나는 그들이 입고 신고 쓰는 걸 본다. 구찌와 입
생로랑, 스톤, 무스너클, 조던 신발, 헤밀턴 시계, 발렌시아가
뭐 그런 것들. 그런 걸 입고 3850원짜리 점심을 먹는다. 그것
도 월급 받고 일하는 일터 직원 식당에서. 밥을 다 먹으면 직원
카페에서 1500원짜리 아메리카노를 먹는다.

감독은 천재다. 이만큼 세상을 잘 설명한 영화가 없다.

백화점에서 일해봐야 얼마나 벌겠는가. 혼자 겨우 먹고산다. 와
중에 저런 걸 사 입고 다닌다면 돈을 모은다는 것도 어불성설

44

일 것이다. 공부를 한 나는 보이는 것이다. 저들의 저 소비습관에, 인플레이션에, 원화절하에, 복리에, 금리에...

그럼에도 불구하고 그들은 자본가들이 만든 희소가치부여 상품을 구매한다. 살아 움직이는 시간의 70%를 자본가에게 강제노역한 노예 값으로 명품값을 아주 기분 좋게 치른다. 소확행이니 플렉스니 하면서. 영화 매트릭스와 똑같지 않은가. 기계를 자본가로 바꾸기만 하면 된다.

저 사람들에게는 희망이 없다고 느껴졌다. 스스로 자각이나 하고 있는 건지도 모르겠다. 서로 하하 호호 즐겁기만 해 보이는 모습이었다. 2차원은 3차원을 인식할 수 없다.

나보다 실력이 뛰어난 사람들이 정말 많은 것을 알고 있다. 그러니 나도 늘 배움을 찾고 차원을 올라가야 한다. 그런 실력자들이 내려다보기엔 나 또한 그런 어리석은 캐릭터로 보일 수도 있다.

그러나. 그럼에도. 나이 들어서 사람답게 살고 싶다면 저렇게는 살지 말자. 인성, 품격, 가치관 이런 문제가 아니다. 병원 갈 돈 없어 죽던지 굶어 죽는다.

▎사모펀드와 매트릭스
게임의 룰

사모펀드는 소규모 신생 업체를 인수한다.

자본력을 이용하여 매장수를 급격히 늘린다.

매출을 3-4년 안에 폭발적으로 급증시킨다. 매출은 5년 이후부터 서서히 추락하는 게 일반적인 현상이다. 따라서 그전에 공부 상 영업이익률을 급격히 늘려놓으려 한다.

"

제3자에게 업체를 비싸게 팔아먹기 위해서이다.

3-4년 뒤면 매출량이 물리적 한계점에 도달하게 된다. 이 상황에서 영업이익률을 늘리려 할 때 남은 방법은 인원 감축이다. 따라서 매출이 물올라 매장이 가장 바쁘고 일이 많을 때 대대적 인원 감축을 하게 된다. 일터에서 늘 최악의 상황이 현실로 나타나는게 우연이 아니다.

우리 성실한 흙수저 노예들은 빠진 인원의 일을 충당하며 짜치게 된다. 일은 더 많아지고 받는 임금은 똑같다.

대대적 해고 시점에서 1~2년이 지나면 아주 인수하고 싶어지는 매혹적인 재무재표를 가진 회사가 탄생한다.

업체는 제3자에게 매각되며 흙수저의 피땀 값은 팔기 전 회사 주인인 사모펀드에서 가져간다. 이게 자본주의 매트릭스의 노예 활용 시스템 중 하나이다.

노동자 입장에선 억울한 일이고 사업가 입장에서는 합리적인 판단일 뿐이다. 인간들이 못 되먹었구나 잘 되먹었구나 가치판단하지 말라. 아무 도움 안 된다. 시스템을 인지하고 온전히 마주해야 한다. 그 다음 내가 이걸 알아감으로 인해 할 수 있는 일을 찾아 해야 한다.

문제 해결은 인지에서부터 시작하는 것이다.

억울하면 내가 그 사모펀드의 일원이 되면 되는 것이다. 우리가 좋아하는 대부분의 주식들 또한 이런 회사들의 발행 주식임을 상기하라. 돈이 없어서, 유명세가 없어서, 권력이 없어서 내가 무슨 사모펀드를 하냐 이런 변명은 통하지 않는다.

이는 은행에 돈을 방치해 두는 게 아니라 주식에 투자해야 한다는 주장에 대한 와닿는 근거가 된다.

▌그들이 합법적으로 세금을 내지 않는 방법
빚을 돈처럼, 돈을 빚처럼

'부자아빠 가난한 아빠' 시리즈로 유명한 로버트 기요사키를 아는가. 그가 항상 하는 말이 있다.

"

돈은 빚이다. 나는 빚을 돈처럼 사용한다. 고로 세금을 내지 않는다.

이 말을 여러 매체에서 수도 없이 반복한다. 그래서 사람들은 그걸 어떻게 하는 건지에 대한 설명이 없는 그에게 답답함을 호소한다. 합법적으로 절세하는 방법이 아주 많겠지만 그중에 대표적인 것을 말해보고자 한다. 이러한 구체적 예시를 들어 줌으로써 스스로를 돕고자 하는 자들의 시야를 트여줄 수 있다.

예시 : '스티브 잡스' 유형

그가 CEO직에 있을 때 무급으로 일했다는 사실은 다들 알고 계시리라. 여기에 세금을 내지 않는 부자들의 장치가 있다. 급여를 안 받는다는 것은 원천징수가 불가능하다는 말과 같다. 자본주의 노예 매트릭스 안에 굴복하며 사는 대부분의 사람들은 모두 원천징수부터 당한다. 그럼 잡스 같은 기업가는 뭘 가지고 있었느냐. 자사 주식 지분이다. 아주 거대한 덩치의 주식 지분말이다. 미국에는 연에 배당이 4번 나온다. 그걸로 먹고 살아도 다 쓰지도 못한다.

이런 사람들이 살면서 값어치 나가는 물품을 사고 싶거나 그럴 필요가 있을 때가 있을 것이다. 요트, 차, 저택, 헬리콥터, 제트기 같은 것들 말이다. 이들을 사서 굴리면 그 과정에 세금이 붙는다. 따라서 자기 돈으로 사지 않는다. 보유 주식의 일부를 담보로, 대출을 일으킨다. 그 대출금으로 리스를 한다. 그러면 뭔가를 구매한 것도 아니고 재무제표상 자신의 재산이 늘어난 것도 아니다. 공부상에는 오히려 빚이 늘었다는 데이터만 나타나는 것이다. 세금이 안 내어지도록 설계되는 것이다.

대출금에 대한 이자 그리고 원금은 배당금으로 갚아나가면 된다. 그들에게 매겨지는 대출이자가 세금보다 덜하기 때문이다. 애초에 부자이기 때문에 은행에서 닦달할 일도 없다. 신용이 있기 때문이다.

자본주의를 공략법에 맞게 돌리는 사람은 이렇게 살고 있다는 것을 아는 것과 모르는 것에는 큰 차이가 있다. 특히나 나이가 한 살 두 살 늘어날수록 그 격차는 더 벌어진다. 태어날 때 가난한 건 자신의 죄가 아니다. 죽을 때도 가난하면 그건 순전히 자기 잘못이다. 당신이 배추장사를 하건 막노동을 하던 배워야 할 것은 배워야 한다.

부자들을 욕할 것이 아니라 내가 부자가 되도록 노력해야 한다.

▌펀치드렁크와 그로기에 관하여
뱅글뱅글

펀치 드렁크 증후군 : 복싱선수와 같이 뇌에 많은 손상을 입는 사람에게 나타나는 뇌세포손상증. 혼수상태·정신불안·기억상실 등 급성 증세를 보이기도 하고, 치매·실어증·반신불수·실인증(失認症) 등 만성 증세가 나타나기도 하며, 심한 경우에는 생명을 잃기도 한다. - 두산백과

그로기 상태 : 권투에서, 심한 타격을 받아 몸을 가누지 못하고 비틀거리는 일.- 네이버 사전

주로 권투, 격투기 선수 등이 겪는 신드롬과 증상이다.

여러분의 직장 생활은 안녕한가.

펀치 드렁크, 그로기. 꼭 주먹으로 머리를 맞아야 생기는 건 아니다. 직장을 다니면 누구나 겪게 되는 일이다. 화두로 저 두 개념을 내보인 것에는 투자 마인드셋에 대해 생각해보기 위해서

이다.

정말로 어려운 문제이지 않는가. 먹고는 살아야겠고 돈도 모
아야겠고. 그러니 나가기 싫은 직장은 가야하는데. 그러면 또
투자가 골치아프다. 다들 퇴근하고 밥먹고 씻으면 여기저기
욱씬거리고 졸리다. 생산적인 두뇌활동이 어렵다. 그로기 상
태인 것이다. 이게 3개월, 6개월, 1년, 3년, 6년 이렇게 쌓이
면 펀치드렁크 증후군이 되어버린다.

이 문제를 해결하기 위한 방법을 고민해 보았다. 직장의 소용
돌이는 내가 컨트롤 할 수 없다. 힘이 들던 울고 싶던 말던 일
은 내 머리 위 높게 솟은 쓰나미처럼 나를 덮친다. 막을 수도,
피할 수도 없다. 무력할 수 밖에 없다. 정신력으로 버텨야 한다
고 주장하는 사람들이 있다. 물론 그것도 하나의 방법이 될 수
는 있으나 나는 현실적으로 보고 싶다. 이기는 게임을 만들어
야 한다고 주장해본다. 투자 마인드셋이 타격받을 정도의 노동
강도라면 직장을 바꾸거나 부서를 이동하는 물리적인 변화를
주어야한다고 본다. 힘든건 힘든 것이고 편한건 편한 것이다.
누가 이 논리에 '아니야' 라고 자신있게 말할 수 있겠는가.

조금 안타까운 것은 이를 실행에 옮길 수 있는 사람이 많지 않

다. 나는 남들에 비해 실행력이 굉장이 우수하다. 우유부단한 사람들을 많이 보았다. 태교도 돼지국밥으로 한 나는 상 부산 사나이라 노빠꾸이다. 나는 3개의 직장을 내발로 나왔다. 내 나이가 28살이다. 회전율이 빠르다. 아니다 싶으면 과감하게 행동하라. 특히 미혼이라면.

만약 지금과 똑같이 관성에 이끌려 살게 된다면 어떻게 될지 구체적으로 알려주겠다.

15년 뒤에 켜켜히 쌓인 고통이 당신을 한방에 파멸시킬 것이다. 처자식 있고 준비되지 않은 상태로 직장, 서플라이 체인이 파괴된다. 그 때 당신이 무엇을 제대로 할 수 있을거라 생각하는가. 그 회사, 당신 파트의 일만 몇 십년 한게 당신이 보는 파노라마 사진의 범위이다. 은퇴하는 친척어른들을 보라. 수많은 삶이 당신에게 증명수식을 보여주고 있다. 당신이 관심있게 보지 않을 뿐.

20대 30대 초반. 지금 칼 같이 자르고, 지금 쪽팔리고, 지금 도전하고, 지금 실패해야한다. 맞는 방향을 찾고, 찾았으면 자기 스타일대로 게임을 설계해나가야 한다. 책임질 사람 없고 나 혼자일 때 말이다. 지금 나처럼 적게 벌고 작가 생활에 출판 준비하고 투자한다고 아끼고 살고 있으면 여자들이 벌레보듯 본다. 당연한 것이다. 여자들은 그렇게 프로그램 되어있다. 탓할 일이 아니다. 당신은 이 기분을 40대 50대에 느끼고 싶은가? 지금 하는게 낫다.

설계에는 때가 있는 법이다.

직장이 어느정도 컨트롤 되는 선에 안착하면 투자 공부, 실전, 마인드셋 유지가 훨씬 깬 정신상태로 영위될 수 있다. 매매하다 졸려서 매수를 매도로 눌리거나 가격을 잘못 입력했다고 상상해보라. 자동매수 매도 설정을 실수로 엉뚱하게 했다고 생각해보라. 계획에 안따르고 감정에 치우쳐 부화뇌동 매매를 했다고 여기어 보아라. 직장에서 일한거 다 헛빵이다. 자신은 그렇게 안될 것 같지만 그렇게 된다. 직장이 너무 힘들면 말이다.

▌알려줘도 무시할 사람들
프로토콜 탈출

앞선 이야기들을 보았다면 이제는 인지가 가능하다. 이 시점 우리가 살고 있는 세상은 영화 '매트릭스'와 구조가 동일하다는 것을 말이다. 우리는 전쟁상태가 아닌 세상에서 전쟁으로 발생한 노예와 동일하게 살고 있다는 것이다. 그런 노예력을 부릴 수 있는 근본적 힘은 화폐이다. 이것을 인지했다면 그에 맞는 대응책으로 삶을 살아야 한다. 그러나 그렇게 사는 사람은 아주아주 드물다. 인간의 뇌 구조 때문이다. 무리를 따라가야 살 수 있다는 본능 때문인데 이게 현 시대와 호환이 안된다는 것이 골자다.

프로토콜의 뜻은 '규약'이다. 거대 부자들은 이런 노예 시스템이 알아서 돌아가게끔 세상 규칙을 정해 놓았다. 이런 프로토콜에서 벗어날 궁리와 시도를 해 나가야한다. 더 구체적으로 말하면 직장생활을 당신 인생에서 삭제 해야 한다는 말이다. 궁극적으로는 그렇다. 방법은 수만가지가 있을 것이다. 다양한 방법 중 가장 일반적인 사람 상황에 맞추어 가장 구체적이고 효율적인 방법을 매뉴얼화 시킨 것이 이 책이다. 이 매뉴얼 전략의 핵심은 20대를 어떻게 보내느냐 이다. 시간이 최우선 가치이며 이는 지나가면 잡을 수 없다. 매트릭스 세상의 현상을 파악했다면 단언컨데, 매뉴얼에 따라 당장 자신을 움직이는 것이 현명할 것이다.

허심탄회하게 이야기하면 내가 아무리 이 책에서 팩트로 폭행을 하고 계획을 매뉴얼화하여 제시한다고 해도 실제로 행할 사람은 극소수일 것이다. 그래서 자주성가한 부자들은 소수이고 서민은 대다수이다.

그럼에도 책까지 써가며 이를 목놓아 주창하는 이유는 잘못되어도 너무나 잘못되었기 때문이다. 지하철 선로에 몸 던져 자살하려는 사람을 보면 누구든지 뜯어 말릴 것이다. 8차선 도로 쌩쌩 달리는 덤프트럭 앞에 몸을 던져 자살하려는 사람을 보아도 마찬가지이다. 내가 그런 심정이라는 뜻이다.

이어지는 3부를 시작으로 본격적인 매뉴얼 내용을 다룬다. 의지를 다지고 자신의 삶에 적용할 수 있기를 진심으로 기원한다.

▌ '힘'에 관하여
흙수저들이 가장 먼저 인식해야 할 개념

인류의 역사를 살펴보면 언제나 그 근본적인 인과관계는 힘이 있다. 힘의 불균형은 늘 승자와 패자, 지배자와 피지배자, 부자와 가난한 자를 만들게 되었다. 인간이 존재한 모든 곳에 있어왔고 지금도 있다.

부족장과 고대 국가의 왕은 공동체를 존속하고 확장하여 힘 좋은 대국을 만드는 것이 의무였고, 군주제가 끝나고 내각제 그리고 대통령제까지 와서도 단체 대표자에게 그 의무는 비슷하다. 한 가정을 생각했을 때 가장의 역할 또한 그러하다. 그랜트 카돈의 '10배의 법칙'을 보면 "가장으로서 성공하는 것은 선택이 아닌 의무다"라는 내용이 있다.

역사적으로 그리고 이 시대 성공한 사람들이 증명하고 주장하는 바, 힘을 보유해 잘 사는 것은 국가와 개인의 의무였던 것이다.

대다수의 한국 흙수저들은 이 역사적 진리를 정면으로 바라보며 살지는 않는 듯하다. 나 또한 그러지 말자 하지만 솔직하게 말하면 그럴 때도 있다.

왜일까?

이유가 어디 있나. 귀찮으니까. 편한 게 좋고 익숙한 게 좋기 때문일 테다.

그럼에도 냉정하게 생각해보자. 그렇게 버릇하고 살면 외세의 침탈에 당할 수밖에 없다. 힘을 길러 놓지 않았기 때문이다. 팩트에 근거하여 대비를 하는 게 논리적인 수순이다. 싫어도 해 놓으면 불행을 막을 수 있다. 충분한 가치이다.

개인이 외부로부터 스스로를 지키는데 필요한 힘의 종류에는 몸의 힘, 경제력, 지능력 이렇게 세 가지가 있다고 본다.

몸의 힘 : 지금 시대에 와서는 별로 안 중요하다고 생각하는 사람들이 많겠지만 그렇지 않다. 마치 모든 곳이 경찰과 법의 공권력 아래 공평하고 안전한 세상인 것처럼 느껴지는 것뿐이다. 인간은 본래 동물이며 우리가 다니는 모든 환경이 본질적으로는 야생이다. 이를 증명하는 것은 어제오늘도 일어나는 범죄 사건과 전쟁이다. 그러니 운동을 해서 몸을 키우는 것이 필요하다 본다. 격투기도 배워놓으면 좋다.

문신돼지국밥충이 내 여자 친구에게 집적 거린다면 어떻게 하겠는가? 살인마가 사람 없는 곳에서 나에게 돌진한다면? 그런 일이 일어나는 그 순간 그 현장에 누가 나서서 해결해 줄까? 당장에는 나 자신밖에 없다.

경제력 : 지금 시대에 가장 그리고 제일 중요하다. **95% 이상의 상황과 시간에서 먹히는 도구이다. 누가 내 여자에게 집적거리거나 살인마가 달려든다거나 하는 일이 자주 있지는 않으니까 말이다. 그런 몰상식한 경우를 제외하면 모두 경제력에 의해 좌지우지되는 오늘날이다. 정말 대부분의 문제가 해결된다. 부부 싸움을 안 하는 데에 마저도 중요한 역할을 한다. 따라서 세 가지 힘 중 경제력 향상에 가장 많은 인풋을 들여야 한다.**

지능력 : 어떤 이론이나 설명 내용을 읽고 얼마나 빠르게 이해하는지에 대한 능력이다. 있으면 좋으나 없어도 부를 일구는 데에는 큰 지장이 없으며 읽기와 쓰기를 통해 후천적으로도 발전이 가능하다. 부족하다 해도 되려 재고 따지는 게 많지 않으니 빠른 실행력에 도움이 될 때도 있다.

몸의 힘을 기르는 것은 간단한 문제다. 운동하면 된다. 지능력을 기르는 것도 간단한 문제이다. 양적으로 많이 읽고 많이 쓰면 된다.

경제력은 간단하지 않다. 간단했으면 누구나 부자가 되었을 것이다.

경제력을 기른다는 것은 개인의 성향과 상황을 충분하고 세심히 고려하여 짜야하는 전투 전략이다. 아무개가 성공한 방법을 내게 끼워 맞춘다고 잘 될 리 만무하다. 그러므로 흙수저에게도 그들만의 최적화 전략이 필요하다고 할 수 있다.

흙수저는 부동산보다 주식이다
나락을 피하는 게임

내가 겪었던 실제 일화를 소개한다.

1년 전쯤 전세를 구해보았다. 혼자 살기 때문에 오피스텔이나 원룸 위주로 보았다. 보던 중 신축에 인테리어도 깔끔한 멋진 곳을 찾았고 집주인, 중개인과 이야기가 시작되었다. 공부와 대비를 마친 나는 계약서와 특약사항에 바짝 주의를 기울였다.

계획 : 무조건 전세보증보험을 가입한다. 무조건! 안되면 안 한다.

공부를 해본 사람은 다 아는 내용이다. 무슨 일이 벌어져 건물이 경매로 날아갈 위기에 처하면 내 돈을 깔끔하게 전액 돌려받을 수 있는 확실한 방법은 전세보증보험밖에는 없다는 것을 말이다.

처음에 공부상 내용을 훑어보니 당연히 시기 앞선 근저당이 들어있었다. 한국에 이상적인 깨끗한 건물은 없다고 봐야 한다. 인생은 실전이다. 보증보험을 가입해야 했기 때문에 부채비율을 직접 계산했다.

이걸 자기 손으로 해봐야 하는 이유는 서울보증보험 및 LH 보증보험 모두 부채비율이 맘에 드는 선을 넘어서면 보험을 들어주지 않기 때문이다. 당시에는 그 비율이 60 ~ 70% 정도를 넘어서면 보험 들어주기 꺼려 시 했다. 여러 전세매물을 보았더니 소름 돋게도 전부 저 정도로 약속이라도 한 듯 맞춰져 있었다. 내가 봤던 매물도 마찬가지였다.

그래서 집주인에게 이야기했다. 근저당 비율로 인해 보증 보험 가입 가능 여부가 불투명하여 계약이 어려울 것 같다고 말이다. 그러니 집주인 왈 걱정이 된다면 전세권 설정을 할 수 있도록 도와주겠다 했다. 옆에서 중개인도 집주인 분이 돈도 많고 사업도 하시고 나이스 한 분이시니 너무 걱정할 필요 없다고 거들었다. 이런 거에 넘어가려고 그렇게 공부한 게 아니었다. 어차피 계약만 하면 집주인이고 중개인에게는 내 전세 문제가 "낫 마이 비즈니스"가 된다.

사실 이때부터 전세를 해야겠다는 생각은 싹 접었다. 만약 경매로 집이 날아간다고 할 때 또는 계약 만료 시점에 돈을 돌려받아야 할 때도 전세권이라는 것이 보증보험만큼 내 돈을 바로

받을 수 있는, 믿을 만한 것은 아니다. 그냥 아무것도 없는 것
보단 나은 것일 뿐이다.

그러나 이 사람들을 한번 떠보고 싶었다.

전세권 설정해주시면 계약금 넣겠다 말씀드렸다. 물론 애초에
넣을 생각 없었다. 핵심은 보증보험이 되냐 안되냐이다. 아니
나 다를까 계약금 납부 며칠 전에 중개인으로부터 전세권 설정
이 어렵겠다는 전화를 받았다. 고민할 것도 없었다. 안 하겠다
했다.

2030 흙수저들은 이런 거 한번 발 잘못들이면 30년 퇴보이다.
직장에서 쌔빠지게 해봐야 집으로 한번 삐끗하면 나락이다. 피
부에 와닿는 나의 경험을 기억하고 늘 이런 일에 있어서 조금
이라도 느슨하게 생각하면 안 된다. 골로 가는 수가 있다.

이와 같은 부동산 계약 직접 경험들을 통해 깨우친 것이 있다.

'부동산처럼 사람이 끼는 거래는 리스크 통제가 어
렵다.'

물론, 공부를 정말 열심히 하고 임장도 세심히 보며 체력 많이 쓰고 스트레스 받아가며 꼼꼼하게 서류 내용도 살피고 주변 조언도 찾고 하는 사람들은 극복하는 케이스가 있는 것도 사실이다. 그래서 '불가능'하다가 아닌 '어렵다' 라고 한 것이다.

냉정하게 보자. 순수 진성 흙수저는 부동산 계약에 있어 많은 경험을 가진 부모가 없다. 이는 곧 뒤를 봐주는 능력 있는 어른이 없다는 의미다. 나의 경우는 아예 부모님이 참여를 안 했다. 그렇게 될 다른 흙수저들도 많다고 생각한다. 중산층 이상의 가정에서는 가게 또는 실거주 및 투자 목적 등으로 부동산을 매입할 때, 부모님이나 집안 어른이 같이 봐주며 노하우를 전수하는 것이 대부분이다. 지극히 상식적이다. 더해, 부동산은 매입 매도가 쉽지 않다. 한번 들어갔다가 처분해서 소화시키는 게 얼마나 힘든지 사람 명 줄이는 일이다. 주식에 비해 부동산은 거래 시 붙는 세금 종류도 더 많고 매물과 그 동네 사정 또 정치권 돌아가는 상황에 촉을 바짝 세우고 있어야 한다.

행여나 중개인과 집주인이 작정하고 판을 맞춰 사기를 치고 있다면... 흙수저인 우리가 홀로 알아차리고 방어를 할 능력이 있을까? 얼마 전 뉴스에서 신축 오피스텔 건물 한 채가 통째로 경매로 날아가 95세대의 청년 가구, 신혼부부가구의 전세금이 홀라당 공중분해되었다고 했다. 전세가에 1억 4천 정도에 최우선

변제받더라도 얼추 1억은 날리는 거다. 계약서 몇 장으로 석시 시대로 후퇴할 수 있다. 지어낸 이야기가 아니다. 진짜 몇 달 전이다.

다른 이들은 차처 하자. 우리 흙수저들은 부동산보다는 주식이다. 부동산 투자가 나쁜 속성이라는 것이 아니다. 부동산 투자 원리 자체는 훌륭하다. 또, 우리가 어딘가에서는 살아야 되니 필수적이기도 하다. 그래서 거처 마련을 위한 공부와 노력도 반드시 해야 한다. 기본적인 공부를 했기 때문에 나도 위험한 전세 계약을 내 힘으로 피할 수 있었던 것이다. 다시금 강조하지만, 주식은 잘해도 내 탓 못해도 내 탓인 게임이니 최소한 억울할 일 없다. 사람 때문에 스트레스 받을 일, 위험해질 일도 없다. 실수를 하더라도 발 들였다 빼기가 훨씬 간단하고 쉽다. 그래서 배움이 있고, 실력 향상이 가능하고, 추후 기회를 도모해 볼 수도 있다.

따라서, 재산 증식의 목적이라면 굳이 흙수저가 부동산을 선택할 필요는 없다고 본다.

▌흙수저와 오스트랄로피테쿠스
흙수저는 업데이트를 거부한다

약 200만 년 전 인류가 지구에 나타났다. 오스트랄로 피테쿠스라고 일컫는다. 불 붙이면 좋아하고 그랬다. 흙수저와 이게 무슨 관련일까.

흙수저는 오스트랄로 피테쿠스와 아주 유사하다. 뇌가 200만년 전과 크게 다르지 않다. 나도 그랬었다.

파충류의 뇌가 뇌 대부분을 지배하고 있다. 뜨거운 거, 위험한 거, 이상하게 생긴 거, 이상한 냄새나는 거, 징그럽게 생긴 거, 무서운 거 이런 걸 보면 줄행랑부터 치게 되어있다. 반대로 반짝이는 거, 먹는 거, 매력적인 이성 개체, 따뜻한 거 이런 것들은 빼앗고, 가지고 싶어 한다.

옛날 옛날 저어 옛날 피테쿠스들이 그렇게 안 살았더라면 지금의 우리도 없었을 것이다. 곰이나 사자 밥으로 다 요단강 건넜을 거다. 굶어 죽거나 얼어 죽기도 했을 테다.

하고자 하는 말은 운영체제를 업그레이드해야 한다는 뜻이다. 현시대와는 맞지 않다. 윈도우 비스타로 롤이 돌아가진 않는다. 피테쿠스의 뇌로는 투자를 할 수 없다.

내가 주장하는 흙수저들의 베스트 옵션인 (= 가장 종합적 난이도가 낮으며 효율적인) 미국 지수에 대한 패시브 투자 역시 최소한의 뇌 개발은 해야 한다.

간단하다. 피테쿠스의 뇌로는 같은 종목도 떨어져서 쌀 때(=남들 팔 때) 팔아 줄행랑치고 올라가서 비쌀 때(남들 살 때) 산다. 부족원 곁을 따라가고자 하는 원시인의 사회적 습성에 따라 매매를 하니, 중간중간의 위기를 견디지 못하고 기어이 계좌를 녹인다. 흔히 말하는 밴드웨건 효과이다. 자꾸 남들 따라가고 싶은 것이다. 옛날에는 그렇게 하면 곰한테 안 먹혔다. 그래서 그런가?

고전적인 가치투자 서적인 벤자민 그레이엄의 '현명한 투자자', 워렌 버핏의 '주주서한'. 이런 책 한 두권 읽으면서 장기투자에 대한 마인드셋으로 견디던지 그게 아니면, 견딜 때 도움이 되는 단순한 트레이딩 방법이라도 찾아야 하는데 그전에 이미 피테쿠스 뇌에 잠식되어 이성적인 통제가 불가능해진다. 당연

71

히 공부나 학습도 계좌가 끝장나기 전까지 불가능하다.

수많은 흙수저들을 보면 아예 투자 공부란 것에 대해 다 사기라고 말하거나 그냥 머리 아프니 하기 싫다고 하는 사람들이 많다. 안타까울 따름이다. 취업을 위해서는 모든 걸 반납하고 죽어라 십 년이 넘도록 지금까지 공부하면서 왜 이건 공부를 안하냐 이리 물으면 벙어리가 돼버리고 만다. 귀찮다고 우리가 폰이나 pc 업데이트를 안하진 않는다. 자신의 하루하루에 필요하기 때문이다. 제일 중요한, 먹고사는데 필요한 투자에는 왜필요를 못 느끼나. 앞뒤가 안 맞다.

투자 분야나 방법에 대해 열린 마음을 가지고 그 지식을 받아들이고 흡수하겠다고 해서 인생에 대단한 스크래치는 나지 않는다. 학습해봐도 마음에 안 들면 돈을 안 넣으면 될 일이다. 흙수저들이여, 우리 마음을 열도록 하자. 문을 꼭 걸어 잠그고 밖을 배척했던 문명은 역사적으로 모두 끝이 좋질 않았다.

▌ 흙수저의 '반박자 빠른 슈팅' 전략
선빵 필승이다

안정환이 그랬다. 메시도 그랬다. 한반두도 그랬다. 스트라이커는 슈팅이 반박자 빨라야 득점을 잘한다고. 흙수저도 반박자 빨라야 한다. 뭐가 빨라야 할까? 투자 시작 타이밍이다. 선빵 필승이라 했다.

결론부터 말하면 복리가 그 이유이다.

"

복리를 누리는 기간이 양적으로 길어야 한다.
핵심이다.

유대인들은 아이가 태어나자마자 어떤 형태로든 투자를 시작하게 한다. 펀드를 사준다던지 주식을 사준다던지 한다. 더해, 생일이나 기념일마다 아이에게 현금을 선물로 주며 그 돈들이 계속 자산을 매입하는 데에 사용된다. 이는 한 박자 빠른 것이다.

대한민국 토종 흙수저는 한 박자 빠를 수 없다. 그런 행위를 자식을 위해 해주는 흙수저 부모는 존재치 않기 때문이다. 그러나 본인이 깨어있고 자유를 쟁취할 의지가 있는 사람이면 반박자는 빠를 수 있다. 소득이 생기는 그 순간부터라도 투자를 실천하고, 소비습관을 잘 들여놓는 것에서 8할 이상 결정이 난다. 돈이 없으면 벌 수 있고 몸이 아프면 치료를 하면 되지만 지나간 시간은 잡을 수 없다. 다 지나서 도르마무 백날 외쳐봐야 안 돌아온다. 우리는 닥터 스트레인지가 아니다.

더욱이 흙수저들은 성공적인 데이트레이더들이 가지고 있는 매매 기술의 수준에 도달할 가능성이 아주 적기 때문에 현실적으로 가능한 선택지는 패시브 투자이다. 그러한 전략에서 시간이 최우선 가치가 있다고 보는 것이다.

*물론 나처럼 절실해서 변태적으로 파고들 수 있는 의지가 있는 사람이라면 다른 방법들로 시장수익률을 초과할 수 있다. 그 경우 자기 마음에서 우러나오는 의지로 늘 공부하고 신경 써야 한다. 투자는 결국 본인 손아귀에서 시작해서 놀고 끝을 맺는다는 것임을 명심해야 한다. 남이 내 돈을 만지면 콩고물 묻혀

가기 마련이거니와 내 실력 상승과는 전혀 관계가 없게 되므로 자주적인 능력 함양이 불가능해진다. 대리자에게 전권을 위임하는 자산증식 시도는 근본적인 해결책이 아니며 되려 위험한 발상이라고 본다.

▌ 문신돼지국밥충과 벤츠에 관하여
복리를 거꾸로 맞는 바보들

그렇다. 떠오르는 핫이슈 대한건아 문신돼지국밥충에 관한 이 야기되겠다.

복리를 최대한 장기간 누리는 게 흙수저 탈출의 핵심이 된다고 강조하였다. 복리 이야기를 하다가 어떻게 문신돼지국밥충으로 화두가 넘어간 것일까?

세상에는 여러 사람들이 있다. 나는 두 부류로 나눈다. 복리로 뚜드려 패는 사람과 복리로 뚜드려 맞는 사람이다.

복리로 뚜드려 패는 사람들은 무슨 매개체로든지 투자를 해오는 사람이다. 소비습관도 잘 잡혀 있어 꼭 필요한 것들만 산다. 평소엔 어깨로 가드를 잘 치고 있다가 필요할 때만 정확하게 유효타를 넣는 메이웨더와 느낌이 비슷하다. 남은 돈은 저축과 재투자로 이어진다. 복리로 자산증식이 꾸준한 선순환 구조를 가진 사람들이다. 고로, 인생을 살다 예상치 못한 일들이 터져도 능히 방어해낸다. 강한 사람이다. 생활하다 보면 이런 사람들은 조용히 지내기 때문에 티가 잘 안 난다. 쿵후 허슬에 나오는 은둔 고수들 같다.

복리로 뚜드려 맞는 사람들은 그냥 투자를 안 하는 사람들보다 더 안 좋은 상태의 사람을 일컫는다. 카푸어, 명품 두루마리, 신용카드 롤링 썬더, 캐피탈 콜렉터, 미수금 워리어 등을 말한다. 이 모든 것을 응축한 궁극체가 문신돼지국밥충과 그들의 여자친구들이라 할 수 있다. 인생 살다가 바람이 한 번만 스윽 불면 쓰러진다. 나 같은 투자자의 시각으로는 저들은 아주 천천히 자살을 하고 있는 것이다. 왜 그런 것인지 제대로 파 해쳐보도록 하자.

- 2022년 12월, 파월의 빅스텝 이후 국내 금리 상황 -

1 금융권 금리 : 5%

2 금융권 금리 : 10-13%

  캐피탈 금리 : 13-21%

쉽게 말해 하나은행에서 돈 빌리면 5%, 저축은행에서 돈 빌리면 12%, 벤츠 사면서 돈 빌리면 18% 연 이자가 붙는다는 이야기이다. 문신돼지국밥충은 이걸 다 쓰까 묵는다. 매년 투자로 15% 이익 보는 게 얼마나 많은 애간장이 들어가는지 노력해본 사람은 안다. 그걸 반대방향으로 뚜드려 맞고 있다는 것이다. 그런 생활이 매년 계속해서 꾸준히 쌓이는 게 더 무서운 것이다.

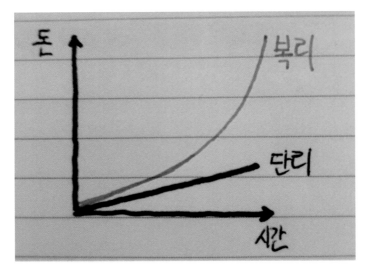

흙수저답게 핸드메이드이다.

복리로 뚜드려 패는 사람들은 2차 방정식 형태 곡선으로 자산 증식을 하고 복리로 뚜드려 맞는 사람은 같은 곡선 형태로 빚이 늘게 되는 것이다. 5년, 10년, 15년, 20년 되면 가속도가 엄청 붙는다. 이런 부채에 관한 개념에 더해, 모든 코모디티에는 감가상각도 붙기 마련이다. 리셀해서 어쩌고 저쩌고 하는데 말도 안 되는 소리다. 인플레이션도 있다. 이중 삼중 사중인 것이다. 독 세 번 바른 칼 머리를 내 배에 겨누고 천천히 잡아당기는 것과 같다. 그러기에 사실상 천천히 자살을 하고 있다고 보는 것이다. 사람 습관도 잘 안 변하기 마련이니까 말이다. 멈칫하고 생각해보면 아주 살벌한 일이다.

MZ세대들은 100살 근처까지는 살 텐데 국민연금은 다 터져서 벌써부터 못 받는 사람들도 많다. 믿을 것은 자기 지갑뿐이다. MZ세대 흙수저들은 절대로 가지 말아야 할 길이다. 느슨한 문신돼지국밥충 씬에 긴장감을 불어넣어 줄 글이 되었으면 좋겠다.

▌20대 흙수저가
5년 안에 성공하는 것에 관하여
빨리 돈 벌고 싶은 마음 내가 제일 잘 안다

모두 얼른 경제적 자유에 도달하고 싶은 마음 제일 잘 안다. 이 야기를 하기에 앞서 20대 무일푼에서 5년 안에 파이어족이 되려면 갈 수 있는 테크트리를 따져보자. 목표액은 11억이다. 평균적인 파이어족 시작을 알리는 자산 크기이다.

A. 사업으로 5년 안에

사업이 정상적으로 돌아간다는 가정하에 마진을 매출의 20-30%로 잡아본다. 5년 = 60개월 즉, 달에 1833만 원이 저축되어야 한다. 밥만 먹고 잠만 자고 다 저축한다는 가정하에 말이다. 개략적 계산을 위해 대출 이자랑 원금 상환은 아예 제외한다. 2000만 원으로 잡고 역산을 해보면 사업체에서 매달 7천~1억의 매출이 나와줘야 한다. 사실 더 나와야 한다. 이자와 원금 상환을 고려하지 않았기 때문이다. 이거 쉬운 일 절대 아니다. 몸도 다 베릴 가망이 크다. 모든 것이 순조롭다는 하에도 말이다.

B. 투자로 5년 안에

1년 빡세게 몸빵 노동으로 모아서 2000만 원 모았다고 쳐보자. 남은 4년간도 그렇게 졸라매어 모으면서 투자를 한다고 가정한다. 이것 또한 몸 베릴 가망이 크다.

대략적으로 계산해보면 필요한 연간 수익률이 140% 정도이다. 이건 피터 린치가 자다가 봉창 두드릴 수익률이다. 못한다고 보는 게 현실적이다.

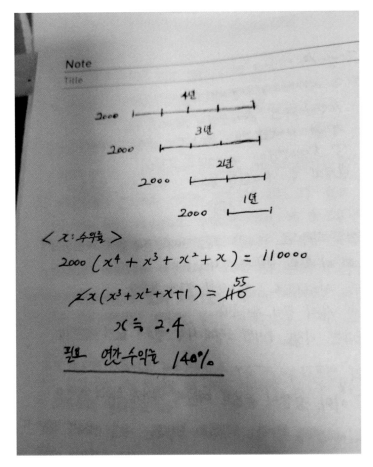

흡수저답게 올드스쿨로 계산한다.

옵션 A와 B를 병행하는 방법도 있겠다. 그럼 더 나아지겠지만 그걸 해내려면 정말 투탕카멘이 되어버릴지도 모른다. 30대에 탈모나 갑상선 암이 올 수 있다. 아무튼 위 이야기 모두 아무 특이사항이 없었을 때, 모든 것이 순조롭다는 가정하에 서술된 것이다. 또한 저 기간 동안 가족, 연애, 나 자신 다 삭제라 생각해야 한다.

흙수저는 20대에 *불가피(끝에 부연설명) 하지 않다면 급하게 몰면 안 되겠다.

누누이 말하지만 흙수저는 자본을 모으는 것이 굉장히 고통스러워서 그 작업으로 수명이 단축된다. 더해 우리는 한국 흙수저다. 미합중국 흙수저가 아니다. 프랑스 흙수저가 아니다. 그곳에서는 사업을 일으켰다 나자빠져도 기업가 친화적 사회 분위기와 지원 정책으로 시스템에 의한 부활이 가능하다. 한국은 재기 불능이 지배적인 구조이다. 내 아버지가 그러했듯이 말이다. 그런 이유로 나 또한 이런저런 사업을 벌이기 직전까지 갔다가 늘 우회하여 투자로 회귀했었다. 투자가 사업보다는 자신의 통제 하에 진행되는 게임이기 때문이다. 한국 흙수저는 절대로 시드머니를 잃으면 안 된다는 사실을 뼈에 3번 새기도록 하라.

'투자를 15년 정도는 해야 된다' 이렇게 맘 편히 생각하고 현실적인 수익률을 견지하고 가야 한다. 물론 본인이 끈질기게 노력하면 4~5년가량은 기간 축소가 가능하다고 믿는다. 나도 10년 잡고 있고 더 줄여보려고 눈만 뜨면 끈질기게 노력 중이다.

우리는 흙수저 20대라는 것을 상기해야 한다. 진골 흙수저는 시시콜콜한 자금까지 모두 스스로의 통제하에 운영해야 한다는 것을 명심해야 한다. 투자금, 수수료, 세금, 교육비, 집 월세에 심지어 옷값, 밥값, 병원비까지도 말이다. 별거 아닌 것 같지만 이와 같은 요소들이 정말 큰 차이를 만든다. 이 모든 것을 극복한 용자들이 세상에 존재하는 건 사실이지만 보다 현실적이고 확률 중점적으로 보자는 이야기이다.

이러한 연유로 투자 초보 흙수저를 대상으로 주장하는 것이, 시작은 시장수익률 추종 패시브 투자이며 추후 자기 상황과 스타일에 맞게 투자 전략을 발전시키는 것이다. 싫겠지만 파이어족 달성까지는 직장을 다녀야 한다. 그래도 이 기간 중에는 가족과 연인도 챙길 수 있다. 스스로 노력해서 걸리는 시간을 더 줄여볼 수도 있다.

*그럼 불가피한 경우라는 건 구체적으로 무얼 말하는 것일까.

부모로부터 빚을 받은 자녀의 경우를 말한다. 이건 흙수저가 아니다. 그냥 인도 사람처럼 맨손으로 먹는 거다. 정말 힘들고 어려운 경우로 나조차도 엄숙하게 만드는 기본값이라 할 수 있겠다. 진심으로 마음 아픈 상황이다.

이 경우는 투자가 답이 아닐 수 있다. 시드머니를 구축할 수 없는 상황이기 때문이다.

밑 빠진 독이므로 물을 무식하게 많이 넣지 않는 이상 축적의 개념이 성립하지 않는다. 아예 독을 계곡에 담가버려야 한다. 한마디로 고소득 직장에서 고생하며 시간을 들여 청산부터 하던지 척박한 베이스에서 사업을 일으켜 성공시켜내야 한다는 말이다.

나는 아마존 FBA와 광안리 해변 짐 보관소 그리고 한국발 미얀마 화장품 벌크 수출 등을 준비하여 본격적으로 진행시키기 직전까지 가보았다. 준비를 하면서 흙수저였던 내가 느꼈던 것은 모든 사업에는 사람이 끼기 때문에 애당초 리스크를 통제할 수 없는 필드이며, 그렇다 해도 통제하려고 최선을 다 해야 한다는 것이다. 가장 좋은 방법은 가능한 최소 규모로 시작하는 것이다. 잃게 될 파이를 가장 적게 내 품 밖으로 내놓아야 한다.

그 이상의 이야기는 내가 직접 겪어보고 잘 해내 본 적이 없으니 스스로 주제넘는다는 생각이 든다. 이 상황의 문제 돌파 방법은 좀 더 인생 경험치를 쌓고 결과를 내어본 후 스스로 팩트가 생겼을 때 공론화하겠다.

제4장
흙수저 탈출 매뉴얼

▌흙수저 뇌 업데이트
흙수저는 원금보장을 참 좋아한다

원금 보장을 한다고 치면 변동성이 크지 않다는 얘기이고 이익도 크질 않으니 투자를 하는 이유가 없다. 흙수저는 이익을 내야만 한다. 가혹해도 극복해야 한다. 안 그래도 가진 게 없는데 수익률마저 낮다는 의미는 그것 또한 큰 리스크라는 것이다. 시간은 속절없이 소모된다. 스스로가 장기투자를 10년 20년 무탈히 지속할 수 있다고 생각하겠지만 막상 실제로 해보면 영겁의 시간 같으며 그 시간 동안 내 몸도 여기저기 고장이 난다. 가족들에게 무슨 일이 생겨도 생긴다.

게임과 같은 것이다. 롤 할 때도 내가 백 프로 이기겠다 싶어서 냅다 들어가는 게 아니다. 이길 확률을 최대한 높이고 비벼보는 것이다. 롤 인벤 보고 아이템 사 맞추고 주변에 힐러나 탱커 있는지 보고 들어가는 게 이길 확률을 높이고 위험부담을 관리하는 것이다. 한 치 앞을 확신할 수는 없다.

각자의 상황마다 다른 것이지만 투자 수익률에 대한 구체적인 기준을 제시하자면

❝

'20대 중 1억을 모으게 되었다면, 연간 15-20%의
수익률을 목표해야 한다.'이다.

그래야 산술적으로 40대 전후에 파이어족이 되며, 가족 구성원
의 위기를 방어할 수 있는 힘을 가지게 된다.

한국 흙수저들은 원금 보장과 안전성을 정말 좋아한다. 인류 프
로토타입 '오스트랄로 피테쿠스'의 유전자가 너무나 잘 보존되
어 있는 종족이다. 왜 이렇게 밖에 진화를 못했을까?

가장 큰 원인은 우리네 부모님이다. 원망을 하자는 게 아니라
팩트를 보자. 기성세대 때는 경제성장률 11%(현재 2-3%), 은
행 예금 금리도 18%(현재 4%)나 되었으니 원금 보장하는 예금
적금 드는 게 괜찮은 관리였다. 딱히 뭘 공부할 필요도 없었다.
직장에 매골하고 그저 아끼고 저축하고 빚 없으면 어찌어찌 되
었다. 그게 2023년에도 통할 거라고 자식들의 무의식에 예적
금으로 잘 모으라 잔소리를 했기 때문이다.

유시민 작가님이 말했다. 기성세대한테 뭐 물어보지 말라고. 자기들도 잘 모른다고. 우리는 우리 길을 스스로 찾아가야 한다고 말이다. 영화 '노인을 위한 나라는 없다.'를 보면, 토미 리 존스는 항상 바르뎀보다 한발 늦는다.

그렇다면 이 구식 마인드셋을 투자용 마인드셋으로 업데이트하려면 구체적으로 뭘 해야 할까? 현재 자기 계발 베스트셀러 2위 '멘탈을 바꿔야 인생이 바뀐다.'의 저자 박세니 선생님이 하신 말씀이다.

"

독서는 재화 창출의 도구이다.

흙수저들이 가장 현실적으로 쉽게 할 수 있는 방법이다.

나는 뻔한 이야기만 하는 걸 지양하기 때문에 실제적으로 도움이 되는 흙수저 초심자를 위한 팁을 공유한다.

시중에 있는 경제 및 투자에 관한 또 자기 계발 서적들은 거시적 내용을 담은 책 7할, 미시적 내용을 담은 책 3할 정도로 비중을 이루고 있다. 거시적 내용은 큰 틀을 잡는, 흔히 말해 '어른의 좋은 충고' 같은 느낌이고 미시적 내용은 '구체적인 방법론'에 해당한다. 흙수저 초심자들에게 둘 다 필요한 영역이지만 미시적 내용 서적으로 독서 비중을 늘려보길 바란다. 구체적인 기기 작동 매뉴얼 같은 속성이므로 거시적 내용 서적보다 실제 현실에 적용하는 데에 피부에 와닿게 도움이 된다. 예시로 하나하나 짚어가며 설명해보겠다.

- 예시 -

1. 거시적 내용 서적 : 왜 일하는가 - 아나모리 가즈오

2. 미시적 내용 서적 : 절대수익 투자 법칙 - 김단테

---

1. 거시적 내용 서적

['왜 일하는가' - 아나모리 가즈오]를 통해 거시적인 내용은 어떻게 내 개인의 현실에 적용하는 것인지 소개해 보겠다. 박세니 선생님이 추천하신 책이다. 세계적으로 성공한 일본인 창업

가의 저서이다. 니혼진이라 떨떠름하긴 하지만 배울 건 배워야
한다.

본문 내용 중 : 사회에 공헌하고자 하는 내 염원이 진실로 기개
높고 순수한 것인지 아닌지를 점검하기 위해 '동기가 선하고 사
심이 없는가?' 하는 물음을 끊임없이 스스로에게 던졌다. '통신
사업을 하고 싶다는 의지가 나 자신이 부자가 되고 싶어서인
가?' '더 유명해지고 싶어서 인가?' '내 개인적인 욕심을 채우
기 위해서인가?' '정말 세상과 사람을 위해서라는, 사심 없는
선의에서 인가?' 이런 질문들을 몇 개월 동안 묻고 또 물었다.
그리고 마침내 내 마음에 조금도 사심이 없음을 확인하고 나서
야, 나는 통신 사업에 진출했다.

내 삶에 적용하는 법

핵심 : '동기가 선하고 사심이 없는가?' -> 성공한 사람이 알려
준다. 자기가 살아보니 이런 마음이어야 성공하고 어렵게 일군
그 성공이 유지되더라~이다.

\- 적용 -

블로그를 성공적으로 운영하고 베스트셀러 작가를 하고 싶다
는 의지가 나 자신이 부자가 되고 싶어서인가?

더 유명해지고 싶어서 인가?

내 개인적인 욕심을 채우기 위해서인가?

정말 세상과 사람을 위해서라는, 사심 없는 선의에서 인가?

-〉 내 목표와 사명은 글과 출판을 통해 대한민국 흙수저의 금
융지식수준 향상('하' 수준에서 '중' 수준으로)을 이뤄내어 전
국의 가난을 삭제하는 것이다. 크게 돈 쓸어 담고 싶은 생각은
없다. 한 가정을 행복하게 꾸려갈 수 있는 가장의 능력 정도면
만족한다. 유명해지는 건 원하는 게 아니라 별로다. 고양잇과
라 혼자가 좋다.

본문 내용 중 : 하지만 인간은 아무리 끈기를 갖고 열심히 노력
해도 그 목표에 다다르기까지 의지가 약해지기 마련이고, '목
표를 달성하지 못했지만 이 정도면 괜찮아'하고 스스로 타협하
기 쉽다. 도달 지점이 너무 먼 목표는 좌절로 끝나는 일이 허다
하다. 그래서 교세라를 창업한 이후부터는 1년간의 경영 계획
만 세우겠다고 마음먹었다.

내 삶에 적용하는 법

핵심 : '도달 지점이 너무 먼 목표는 좌절로 끝나는 일이 허다하다.' -> 내 성공해 보니 이러면 잘 안되더라~이다.

- 적용 -

이 말 정말 공감했다. 인간은 포기하기고 타협하는 게 본성이다. 그래서 대찬 장기 목표 말고 3개월, 6개월, 1년 목표를 둔다.

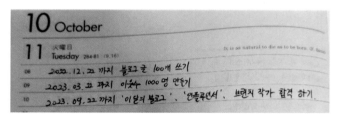

코앞에 어지간히 할 수 있을 만할 걸로 둬야 한다. 그래야 사람이 할 마음이 생긴다.

본문 내용 중 : 더구나 중학교밖에 졸업하지 못해 지식도 기술

도 없었던 사람. 그래서 더 열심히 공부해야 했고 더 열심히 일을 사랑했다는 그. 그런 그가 비범한 인재가 될 수 있었던 힘은 무엇일까? 요행을 바라지 않고, 한순간에 결과를 얻으려 하지 않고, 미미하고 단순한 일일지라도 싫증 내지 않고 오랫동안 노력을 거듭해온 '지속의 힘' 덕분이지 않을까? 앞서 말한 교세라 사업부장 같은 사람들은 순간순간의 위기에 흔들리지도, 조급해하지도, 낙담하지도 않는다. 오직 자기가 맡은 일 하나에 온힘을 쏟는다. 그리고 무슨 일이 있어도 굴하지 않고 그 일을 계속한다. 이러한 자세가 인간을 견실하게 만들어주고, 더 나아가 인생에서 좋은 결실을 맺게 해 준다.

내 삶에 적용하는 법

핵심 : '미미하고 단순한 일일지라도 싫증 내지 않고 오랫동안 노력을 거듭해온 지속의 힘 덕분이다.' -〉 성공해 본 사람이 말한다. 이렇게 하니까 결과가 좋더라~ 하고 말이다.

- 적용 -

사실 블로그를 운영하는 것도 그렇고 글을 매일 적는 것도 그렇고 정말 미미하고 단순한 일의 반복이다. 더 구체적으로 보면 이런 일들이 있다.

블로그 이웃수를 증가시키려고 컴퓨터 앞에 앉아서 메트로놈처럼 이웃 신청 버튼을 뚝딱 인다.

이웃 추가 -〉 서로 이웃 추가 -〉 이웃하고 싶어요 잘 부탁드려요 -〉 신청 -〉 '인간 메트로놈' 님과 서로 이웃이 되었습니다...

지시 방향에 따라 이런 별것 아닌 듯한 일들을 꾸준히 그리고 묵묵히 할 생각이다. 나는 당분간 인간 메트로놈 일 예정이다.

본문 내용 중 : 사람이 할 수 있는 최선의 노력을 다한 뒤 이제는 신께 빌며 천명을 기다리는 방법밖에 없다고 자신할 만큼, 당신은 당신이 가진 모든 힘을 쏟아냈는가? 몸이 부서질 만큼 제품 하나하나에 영혼이 스며들게 했는가? 그렇게까지 강렬하게 염원하며 자신이 가진 모든 힘을 쏟아냈을 때, 비로소 신이 나타나 구원의 손길을 내밀어 준다네.

내 삶에 적용하는 법

핵심 : '신이 내가 불쌍해서 손을 내밀 정도로 철저히 몰입해야 한다.' -> 내 성공해 보니 이러면 잘 되었다~이다.

- 적용 -

[사명의식 : 글과 출판을 통해 대한민국 흙수저의 금융지식수준 향상('하' 수준에서 '중' 수준으로)을 이뤄내어 전국의 가난을 삭제하는 것.]

에 철저히 몰입하고 있고 앞으로도 그럴 예정이다. 지금은 당면한 '브런치 북 출판 프로젝트' 대상을 목표로 이 글자들에 영혼을 갈아 넣고 있다. 퇴고를 몇 번을 했는지 기억이 안 난다. 철저히 몰입하고 있기 때문이다.

이 프로젝트가 끝난 후에도 얼마나 불쌍하게 까지 고도의 집중과 몰입을 해 낼 수 있을지 기대가 된다. 앞으로 내 생명력을 모두 담아 해 볼 생각이다. 세계적으로 성공한 사람이 그렇게 알려 주었기 때문이다. 기기 매뉴얼처럼 말이다.

---

2. 미시적 내용 서적

['절대수익 투자 법칙' - 김 단테]를 예로 미시적 내용 서적 독서법을 소개해 보겠다.

결론적으로 미시적 내용 서적은 설명서이다. 에세이 책 읽듯 읽는 속성이 아니다. 필요한 부분을 순서에 맞게 액션을 취해가며 읽는 것이다. 가구 조립 설명서를 보며 나사를 하나하나 박는 것처럼 말이다. 그러니 소설처럼 음미하거나 교과서처럼 달달 읽으면 안 된다. 더 구체적으로 살펴보자.

미시적 내용 서적(투자전략) 목차에서는 항상 두 가지를 주목한다. 백테스트와 투자전략 실전 내용이다.

〈 백테스트 〉

어떤 투자전략에 관해 소개하는 책에는 항상 백테스트라는 것이 있다. 저자의 전략을 과거 데이터에 적용했을 때 작동을 잘하는가 안 하는가를 따져보는 것이다. 이것이 중요하다. 해당 백테스트를 유심히 보고 나 자신이 마음 저변까지 수긍이 되어야 하는 게 첫째이다. 그래야 투자 중 위기가 왔을 때 마인드셋이 발휘될 수 있다. 그 투자를 진행한 근거를 되새김질할 수 있기 때문이다.

〈 투자전략 실전 내용 〉

백테스트가 수긍이 된 후 투자전략 실전 내용을 살펴본다. 나 자신이 이해하고 따라갈 만큼의 전략인지 판단을 하도록 한다. 해볼 만하겠다는 확신이 안 선다면 두 가지 방향이 있다. 첫째는 늘 본인이 초심자 흙수저에게 강조하며 추천하는 패시브 투자로 첫걸음을 떼는 것이다. 둘째는 정말 열심히 공부를 해보는 것이다. 두 번 봐서 이해 안 되면 세 번 보고 네 번 보고 다른 자료도 보고 한 우물을 파보는 것이다. 이 도서뿐만 아니라 요즘 나오는 전략 도서들은 맨 처음 증권 계좌 만드는 법부터 하나하나 떠먹여 준다. 자신이 잘 읽고 시도해 보는 것에 달렸다.

이 책에서는 종목 티커명과 보유 비중까지 적어가며 매매 계획을 구체화해준다. 이런 내용이 가구 조립 설명서처럼 순서가 있고 구체적일수록 당신의 투자가 실현될 확률이 커진다.

공부가 끝나고 책의 전략으로 진행한다고 쳤을 때 언제나! 반드시! 무조건! 소액으로 분기, 반기 정도 검증 과정을 거쳐본다. 그리고 나서도 괜찮으면 본체 자본을 투하해 본격적으로 투자

길에 나서면 된다.

급하게 가다가 골로 가는 수를 너무 많이 보았다. 돌다리를 오지게 두드리고 건너도록 하자.

정리하자면,

- 처음 책을 볼 때 -

1회 정독 - 〉 백테스트 수긍되는지 안되는지 1회 추가 정독 - 〉 투자 전략 세부내용 공부

- 전략화를 마치고 실전 투자 중일 때 -

이 책이 다루는 올웨더 투자는 한 해에 두세 번씩 리밸런싱을 진행하는 전략이므로, 십중팔구 시행해야 할 시점이 오면 까먹어서 긴가민가하게 되어있다. 그럴 때 설명서를 찾아 읽듯 책을 다시 펴고 투자 전략 세부내용을 체크한다.

▌흙수저 서플라이 체인과 금융 설사에 관하여

흙수저 자력갱생 기본기 : 소비습관 길들이기

흙수저의 서플라이 체인과 금융 설사에 관해 다루어 보겠다.

supply chain 이란 '생산이나 공급의 연쇄적 과정'을 뜻하는 말이다.

순서 : 1. 생산 & 공급(서플라이 체인) -〉   2. 설사   -〉
3. 음악은 다시 시작된다 -〉   4. 마른 우물

---

1. 생산 & 공급

대한민국 MZ세대 흙수저 평균 월급 200~300만 원 선을 잡는 다. 얼마를 받든 직장에서 찌드는 것은 디폴트 값이다. 300만 원 선 급여에 가까울수록 더 쩐내 나고 자기 자신이 없다. 왜 없 는지 모르겠지만 그냥 없다. 퇴근할 때마다 나는 어디로 가고 있는가 싶다. 월화수목금 반납에 재수 없으면 토일도 찌그러진 다. 이렇게 '신체적 정신적 소모'를 연료로 하여 생산과 공급이 이뤄진다.

2. 설사

로버트 기요사키의 도서 '부자아빠 가난한 아빠'에 소개된 용 어이다. '금융 설사'라고도 한다. 흙수저의 뇌에서는 생산과 공급 과정에서 인수 분해된 자신의 신체적, 정신적 자원들에 대해 보상을 해주길 바란다. 그만큼 괴로웠기 때문이다. 각종 대출 원금과 이자, 자동차 유지비용, 비싼 월세, 쇼핑한 카드값 들이 30일에 거쳐 대국적으로 똥꼬에서 새어 나오기 시작한다. 이 설사는 약도 없다. 심한 사람은 먹은 것보다 더 나오기도 한다.

십분 이해는 된다. 솔직히, 나 역시 대부분의 내 또래처럼 금융 설사 너무너무 하고 싶다. 좋은 건 좋아 보이고 편한 건 편해 보이고 그렇다. 단순히 고통을 인내하는 것뿐이다. 상대적 박탈감은 내 친구이다.

3. 음악은 다시 시작된다.

'아무튼 다 뒤로 내보내고 나면 징그러운 서플라이 체인에 다시금 빙글빙글 돌게 된다. 마약과도 같은 월급 나오는 음악이며 끊어내기에는 고통이 수반되기에 오늘도 음악은 다시 시작된다. 그렇게 1년, 5년, 10년, 20년, 30년 춤추다 보면 음악도 끝이 보인다. 내 의사와는 전혀 관계없이 말이다.

4. 마른 우물

30년간의 심신 소모와 설사를 다 하고 나면 서플라이 체인은 파괴된다. 우물은 말랐다. 이제 어떡해야 할까?

사실 다들 알고 있는 걱정거리지만 나처럼 이 문제를 똑바로 쳐다보고 정면승부를 하려는 사람은 상대적으로 많지 않은 것 같다. OECD 국가 노인빈곤율 정도를 비교해보면 한국은 평균의 3배 이상이다. 코카인 쩔은 카르텔이 날뛰는 멕시코보다 2배 많다. 그만큼 한국사람들이 이 문제에 대해 위기감이 없다.

우리가 바꿀 수 있고 통제할 수 있는 것에 집중해야 한다. 여기서 흙수저의 서플라이 체인은 이야기하지 않는다. 왜냐하면 나의 전략은 늘 효율성을 따진다. 최고의 퍼포먼스를 생각하지 않는다. 서플라이 체인을 뜯어고치는 것에 비해서 개인의 지출 통제가 보다 쉽고 효과적이라 생각한다. 인풋 대비 아웃풋이 좋다는 이야기이다.

〈 흙수저 설사 리스트와 추천 해결 방안 〉

1. 비싼 월세 : 전국을 고려했을 때 1000/60 선이 적정하다.

(보다 의지가 있는 나는 300/35 한다.)

2. 식비 : 먹는 건 먹어야 한다. (아래에 자세히 다루겠다.)

3. 자동차 : 말할 것도 없다. 안된다. 가장 큰 설사 구멍이다. 관장하는 거다.

4. 옷, 신발, 가방 : 필요한 정도만 있어야 한다. (퓨마 스포츠 가방 8년째 쓰는 중이다.)

5. 취미생활 : 돈 드는 거 안 한다. (되려 하면서 돈을 벌 수 있는 것으로 해본다.)

1. 비싼 월세

수도권이 아니라면 500/40 정도를 추천한다. 수도권이라면 조금 더 높아질 수밖에 없는 것을 알고 있기에 1000/60을 쓴 것이지만 적정 거주 기능을 한다면 (=벌레 나오지 않고 곰팡이 없고 그래도 건강을 해치지 않을 수준만 된다면) 거주 지출이 적을수록 좋다. 그러나 극단적으로 적은 금액의 원룸이나 오피스텔은 하면 안 된다. 모양새 빠져서가 아니라 우리 몸을 지켜야 하기 때문이다. 바선생과 같이 살면 병난다. 몸이 정상 기능을 할 수 있어야 전진도 할 수 있는 것이다.

2. 식비

먹는 것에 너무 아끼지는 말아야 한다. 다시 말하지만 우리 몸은 지켜야 한다. 팍팍한 파이어족 지망생에게 가진 거라고는 그거 두 쪽뿐이다. 먹어야 힘을 내서 전진한다. 하루에 고기반찬 한 번은 먹고 프로틴도 챙겨 먹고 웨이트하고 그렇게 해야 한다. 아껴보겠다고 라면 먹고 빵 먹고 편의점 달고 살고 그러면 결국 병원비로 다 새게 되어있다.

나는 근무 중인 곳에서 직원 식당을 무조건 간다. 한 끼에 3850원인데 급식시설이다 보니 영양사가 메뉴를 컨트롤하고 있는 곳이라 건강하게 너무 잘 나온다. 하루 식사 두 끼가 8000원 밑으로 양껏 해결된다. 이모님들께 인사 꼬박꼬박 잘 드리고 싱긋싱긋 웃으며 밥 많이 달라 그러면 진짜 많이 주신다. 얼굴이 깡패처럼 생겼기 때문에 웃기라도 잘 웃어야 한다. 별거 아닌 것 같지만 이게 상당히 크다. 밖에서 사 먹는 거 반보다도 덜 드니 달에 20만 원은 세이브한다. 해 먹는 번거로움도 없이 말이다.

각자가 처한 환경에서 방법을 찾아야 한다.

3. 자동차

가장 명쾌, 간단한 문제이다. 굴리는 순간 파이어족은 20년 멀어진다. 어떤 걸 샀느냐에 따라 아예 답이 없을 수도 있다. 가장 언급할 필요가 없는 항목이지만 흙수저의 마인드셋 개조를 위해 살벌하게 숫자와 계산으로 따져보겠다.

감가상각 + 보험료 + 기름값 + 자동차세 + 유지 보수 비용 + 벌금 + 사고라도 나면 = 비용 총합 = 빅 쉣

'빅 쉣'이라고 부르는 이 금액을 단순 지출로만 보지 말아야 한다. 이 지출 금액을 20대에 투자에 진입시켜 10년, 20년 복리를 누릴 때 발생하는 그 기회비용을 고려하면 차 모는 건 너무나 지능적으로 뒤떨어지는 판단이다... 더 와닿게 설명해 보겠다. 국민차 아반떼로 생각해보자.

22년식 적당히 옵션 붙이면 2500만 원이다.

3년 타면 15% 감가상각 온다. [약 400만 원]

보험료 + 기름값 + 자동차세 + 유지 보수 비용 다달이 [40~50만 원]   벌금 + 사고라도 나면 = + @

3년 치 지출 계산 : 400 + (45*36) = 2020만 원

s&p 500 지수 시장수익률이 12%이다. 10년과 15년 그리고 20년 복리 누려보겠다.

10년 복리 : 2020 * (1.12)^10 = 6274만 원

15년 복리 : 2020 * (1.12)^15 = 1억 1057만 원

20년 복리 : 2020 * (1.12)^20 = 1억 9486만 원

결론적으로 20살에 3년 아반떼 몰면 40살에 2억 잃는 거다. 사고 안 나고 딱지 안 떼였을 때 망정인 결과치가 2억 이탈이다. 정말 더 말할 필요가 없다. 당신은 흙수저 아니던가?

4. 옷, 신발, 가방

실제로 생활에 요하는 정도만 있으면 되는 것이다. 발렌시아가, 구찌 나 그런 거 없다. 나이키 운동복이랑 일할 때 입는 무신사 옷 바지 몇 장에 뉴발 운동화, 8년 된 퓨마 운동 가방 이게 다다. 그래도 여자 친구 잘 만든다. 명품이랑 차 없다고 뜻뜻미지근한 여자 바로 방생한다. 돈으로 못 바르면 사람이 명품이 되면 된다. 상대적 박탈감을 아드레날린으로 승화해 프리웨이트 운동해서 몸 좋으면 아무거나 입어도 핏 잘 나온다.

5. 취미생활

브런치 글 발행, 블로그 포스팅 쓰는 게 취미생활이다. 블로그가 크면 용돈이라도 좀 나오고 확장 가능성이 무공 무진하다는 게 장점이다. 나를 봐라. 블로그 글 쓰다가 이제 브런치 작가에 출간 작가가 되었지 않는가. 언젠가는 공모전도 도전하여 대상을 탈 것이다. '흙수저를 위한 가장 와닿는 테크트리 정보제공'으로 베스트셀러 작가도 될 것이다. 나는 의지가 강한 사람이기 때문에 취미생활도 주머니 사정에 도움이 될 수 있는 것으로 한다는 것이 결론이다.

웨이트 트레이닝하면 멘탈 관리에 좋다. 팁이 있다면 지역 구청에서 운영하는 스포츠센터 이용하면 헬스장 저렴하게 다닐 수 있다. 3달에 12만 원 내고 다니는데 꿀이다. 있을 거 다 있고 관리도 깔끔하게 잘된다. 오히려 사람이 많이 없으니 기구도 안 기다리고 잘 쓸 수 있어서 너무 좋다.

뭐 이리 졸라매냐 할 수도 있겠다마는 스스로 10년간 배우고 연구한 끝에 채택한 지금 제시한 전략이 한국 진골 흙수저가 파이어족이 되기 위한 가장 효율적인 길이라고 자신하고 자부한

다. 내가 몸소 실천하고 있고 이를 기반으로 한 내 투자자산은 매년 늘고 있다. 이 외의 길은 사업뿐이다. 굉장한 인풋이 들어가야만 하는 길이다. 통제가 사실상 어렵다. 그것도 사업적 지식 전수가 전혀 없는 흙수저에게는. 통제해야 한다. 미천한 내가 했으면 여러분도 할 수 있다.

▌흙수저 초심자 투자 전략
'어떤 흙수저도 실행 가능하게' 가이드

금융 설사가 멎었다면, 이제 다음 단계를 바라볼 차례이다.

속절없이 새어나가던 지출을 통제하고 저축을 통해 진격에 필요한 보급기지가 건설된 것이다. 이 보급기지로 생활 상 급하고 중요한 일, 양도세 납부를 해결하면 된다. <u>핵심은 투자계좌를 방어하는 것이다.</u>

전투에 있어서 보급은 아주 중요하다. 이를 늘 잊지 말아야 한다.

보급선이 확보되었으니 이제 전장으로 나가자. 성향과 상황에 따라 주식 장기 투자를 선택한 흙수저들에게 필요한 전략화 정보를 공유한다.

- 순서 -

1. 1억 시드머니를 만든다. 미국 지수 추종 ETF로 기간을 단축한다. 동시에 실전 마인드셋도 키운다.

2. 성향, 상황, 실력에 맞추어 수익률이 더 높은 전략을 시드머니 달성 전 미리 학습한다.

3. 해당 전략 소액으로 증명 및 숙달 과정 반년 간 거친다.

4. 이후 스스로 준비가 되었을 때 자금 투입한다.

---

1. 1억 시드머니를 만든다. 미국 지수 추종 ETF로 기간을 단축한다. 동시에 실전 마인드셋도 키운다.

초심자 흙수저인 상태로 나라면 지금 어떻게 했을지 설명서급으로 이야기해보겠다.

일단 1억을 모은다 목표해라. 당신의 시드머니이다.

월 200 정도를 받으며 최대한 아끼고 저축하라. 정말 최대한이다. 스스로를 궁핍의 한계선까지 몰아붙여야 된다. 지옥을 통과할 때는 돌아 돌아 가면 더 오래 걸린다. 한방에 최단거리로 간다고 생각하라. 내 경험에 비추어보면 1인 가구 기준 했을 때 달에 70-80만 원 정도 모을 수 있다고 생각한다. 그 돈으로 한 달에 한 번씩 SPY를 사는 것이다. 환율, 주가, 수수료 이런 거 재고 따지지 마라. 그냥 기계적으로 사면 알아서 평균 단가가 맞춰진다. 그리고 그 돈은 그냥 잊어라. 1억이 될 때까지. 4-5 년은 묵혀둔다고 생각해라. 중간에 위기가 올 것이다. 추측이 아니라 100% 오게 되어있다. 수익률이 -10%, -20%, -30% 이 렇게 찍힐 순간이 온다는 것이다. 보고 버텨라. 그러니 잘 보지 말라는 것이다. 중간에 팔면 아무 이유가 없는 투자가 된 것이 다. SPY는 미국 굴지의 세계 3대 신용평가사 중 하나인 S&P 에서 이미 500개로 선별작업을 마친 지구 최고의 기업들이 녹 아든 ETF다. 핵전쟁이 나거나 외계인 침공이 일어나지 않으면 미국이 주저앉겠는가. 이런 지구 최상의 포트폴리오를 가진 자 산 가방도 못 메고 다닐 것 같으면 그 사람은 투자를 하지 말아 야 할 사람인 것이다. 오죽하면 버핏이 자기 마누라에게 나와 똑같이 이야기했겠는가. 두려워 팔아버리고 싶을 때 이 생각을 해보도록 하라.

또한 책으로 배우는 장기투자 마인드셋은 그저 글자를 읽고 정 보를 받아들이는 것뿐이다. 실전에서 몇 년 들고 있으면서 시 퍼렇게 뚜드려 맞기도 하고 붉게 떠오르는 태양이 되는 것도 보 고, 피부로 느껴 가다 보면 저절로 마음속에 새겨지는 게 진짜 '마인드셋'이다. 중수, 중수 이상으로 갈 때 모두 자신의 투자에 있어서 대들보 역할을 할 것이다.

꾸준히 사고 잘 들고 있으면 연평균 12%의 수익률을 목표하게 되는 것이다. 동시에 기본적인 유가증권 투자의 실전 마인드셋이 길러진다. 1억 모으는 기간을 쌩 저축보다 단축시켜주기도 하면서 말이다.

그러면 심심할 것이다. 달에 한번 월세 내듯 사는 일이기 때문이다. 그럼 시드머니 1억이 달성될 때까지 목표수익률이 더 높은 전략들에 대해 공부하며 살면 되는 것이다. 이 전략 저 전략 관심 가지며 보다 보면 자기 상황과 성향에 맞겠다 싶은 방식이 보이게 되고 그걸 미리 파놓으면 된다. 1억이 다 완성되어 갈 쯤에는 분기나 반기 별로 기간을 잡고 조금씩 공부한 전략으로 털어내면 된다. 그러면 시험과 검증 과정이 자연히 일어나게 되는 것이다. 자신의 마인드셋과 전략 학습이 어느 정도 수준에 올랐다 싶으면, 더해 이 전략이 작동하는구나 싶으면 지수 추종에서 이탈하여 자신의 길을 가면 된다.

---

2. 성향, 상황, 실력에 맞추어 수익률이 더 높은 전략을 시드머

니 달성 전 미리 학습한다.

이제껏 내가 건드려 보았던 실력자들의 전략들을 요약하여 설명하겠다. 자신의 기호에 맞게 골라 메이플 스토리 2차 전직하듯이 배워가면 되겠다.

거듭! 누차! 노파심에 강조하지만 욕심에 치우쳐서 증명 및 숙달 과정 패스하면 시드머니도 그대로 패스될 수 있다. 그러지 않아야 한다.

실전을 통한 최적화 과정 없이는 마인드셋이 무너지고 급작스러운 상황에 기민히 대처할 수 없음을 강조한다. 급작스러운 상황은 언제나 생긴다. 중간에 퍼지지 않기 위해 '생각하는 보거스'를 페이스 메이커라 생각하자.

초심자에서 중수, 중수에서 중수 이상 투자전략으로 갈수록 연간 매매 횟수, 연간 수익률이 많아진다. 평소에 신경을 더 써야 한다는 뜻이 되겠다.

- 미국 주식 -

———— 🔖 ————

초심자 ~ 중수 : 목표 평균 연 수익률 12% ~ // 패시브 투자
(대표 예시 : SPY)

뒤에 나오는, 수익률이 더 높은 투자전략을 공부해보았는데도
너무 어려워 자신의 그릇을 벗어난다는 생각이 들면 앞서 설명
한 지수 추종 ETF전략을 계속 써도 된다. 다만 방법을 좀 더 발
전시킬 필요는 있다. 자산 증식 속도는 늘려야 하기 때문이다.
앞서 설명했듯이 각종 외부 상황은 상관 말고 적립식으로 달마
다 사모아도 되지만 요즘 같은 경기 침체기에는 미리 모아놓은
돈이 있다면 반기나 분기에 걸쳐 같은 양의 뭉텡이로 나누어 분
할 매수하면 더 좋다. 또한 본인의 노동 수익을 증가시켜 더 많
은 여유자금을 투자 자금 본진에 계속해서 끼얹는 것도 머리 아
프지 않은 방법이 된다. 명목상 목표 수익률은 데이터에 의해
연 12% 이지만 자산이 불어나는 실제 속도는 정직한 정량적 추
가분으로 더 늘릴 수 있다는 것이다. 초심자 상황을 고려해 위

에서는 가장 거래량이 많은 SPY에 대해 다뤘지만 더 큰 수익률을 원한다면 조금만 더 공부하여 QQQ, DIA, IWM 등과 같은 다른 미국 지수 추종 ETF를 시도해도 된다. 거래량이 많다는 것은 그만큼 사고팔고 가 자유롭게 잘 된다는 이야기이다.

여러 번 강조하지만 미국이 주저앉지 않는 이상 중간에 팔면 안된다.

흙수저는 애당초 손절이라는 옵션을 빼고 투자를 하는 게 맞다고 생각한다.

왜일까? 간단하다.

10% 손절하면 90% 남는다. 90%에서 100% 되려면 11.11%의 이익을 내야 한다.

20% 손절하면 80% 남는다. 80%에서 100% 되려면 25%의 이익을 내야 한다.

30% 손절하면 70% 남는다. 70%에서 100% 되려면 43%의 이

익을 내야 한다.

40%, 50% 손절하면 따라잡아야 할 격차가 더욱 커진다.

중학교 때 배우는 심플한 곱셈이다. 내려갈 때랑 올라갈 때랑 다른 게임이다. 올라가는 게 더 힘들다.

마인드셋이 잡혀야 하는 이유이다. 마인드셋은 초심자, 중수, 중수 이상으로 가서도 항상 기본이다. 더더욱 단련이 필요하다고 말할 수 있다. 그러기 위해서는 본인 스스로의 공부 과정이 선행되어야 한다. 나 스스로가 이 투자전략의 근거를 논리적으로 납득시켜야 중간에 포기하는 일이 없다. 따라서 아래 추천해놓은 전략화 도서를 꼭 읽어보기 바란다. 투자는 반드시 생활비 이외의 자금으로 행하여야 하며 미수금은 쓰지 말길 바란다. 단기간에 찾아 쓰는 돈이 아니기 때문이다. 초심자 때부터 미수금 맛 들이면 골로 가는 케이스가 확률적으로 많다.

전략화 도서 : 벤자민 그레이엄의 '현명한 투자자'

▌초심자 경험담 1
장기투자를 하다 보면 겪는 위기
비빔밥과 힘을 내요 슈퍼 파월.

매일 아침마다 경제뉴스를 본다. 요즘은 안 좋다 나 죽겠다 다 죽겠다 그런 말이 많다. 나는 투자로 꾸준히 점차 점차 돈을 벌고 있다. 번쩍하고 자극적으로 벌지 않는다. 그럴 능력도 안되고. FM 스타일이라 할 수 있다. 실투자 경력은 5년 정도 되었다.

대부분의 뉴스는 쓸모없다. 개중 그나마 도움이 되는 뉴스가 뭔지 알려주겠다.

미국 주식이든 한국 주식이든 대세라는 것이 있다. 대세의 근본은 미국 연방 준비 위원회에서 시작된다. 흔히들 연준이라고 하는데 강으로 치면 수원지라고 보면 되겠다. 여기 제롬 파월 의장이 하는 말에 따라 주가는 춤을 추게 된다. 이 내용이 핵심이다. 더 구체적으로 말해볼까. 예시를 들겠다.

\<예시 1\>.

요즘은 CPI가 쟁점이다. 소비자 입장에서 보는 물가지수라고 생각하면 된다. 이게 오르면 인플레이션이다. 그러니 금리를 높인다. 전월, 전년 동월 대비해서 그 변동 추이를 보고 연준에서 기준금리를 조정하게 된다. 금리가 높아지면 주가는 당연히 떨어진다.

\<예시 2\>.

코로나 발생 시에는 무제한 양적완화를 실시하겠다고 말했다. 금리는 획기적으로 낮추었다. 돈이 천문학적으로 풀리니 모든 자산 가격이 상승한다. 주가도 마찬가지였다.

심플하다. 이런 뉴스가 향후 대세를 점칠 수 있는 소식이 된다. 단언컨대 연준의 행방 관련 뉴스가 아니면 장기투자자에게 쓸모 있는 뉴스는 없다. 그냥 무시해라. 어차피 도움 안 된다. 매크로 적으로 시장을 보기만 하면 된다. 다른 마이크로 뉴스는 기관과 전문 투자자들의 몫이다. 한낱 개미가 비빌 곳이 아니다. 당신 계좌가 전주비빔밥이 되는 수가 있다.

내가 추천하는 전략의 장기 투자자는 두 부류로 나눌 수 있다. 나스닥 또는 다우 지수 추종을 하는 패시브 투자자가 하나이다. 다른 하나는 개별 종목 액티브 투자자이다. 두 가지 경우 모두 미국 바짓가랑이를 붙잡고 가는 것이기에 스스로의 마인드셋이 돈을 버는 핵심이다. 지금 같은 시기에 돈이 늘지 않는 것에 대한 고통을 억지로 참아야 한다. 다른 이들은 오히려 돈을 잃고 있다는 사실을 기억하면서 말이다. 언제가 될지는 아무도 알 수 없다. 그러나 언젠가는 오르게 되어있다. 미국은 미국이다. 지난 100년의 역사가 증명한다.

추후 소개할 중수 투자 전략 매뉴얼을 체화하고 잘 따르면 반 발자국이라도 더 앞설 수 있다는 점도 더해본다.

중간에 포기하지 말자.

█ 초심자 경험담 2
대체 뭘 견디라는 건지
Feat. 반야심경 리믹스

미국 지수 추종 장기투자할 때 1~9까지 10년 넘게 견뎌야 한다. 스스로 할만하겠는가 간접적으로 느껴보도록 하라.

1. 당연히. 주가 변동으로 마이너스 수익률이 되는 것. 그래서 기분이가 나쁜 것.

2. 환율이 올라 방어가 되다 떨어져 총 잔고가 현저히 줄어드는 것. 수익률이 올랐음에도 불구하고 깎여 나갈 때가 있다. 그래서 기분이 시나브로 드러운 것.

3. 자신의 투자 전략 매매 계획을 따라야 하지만 내 멋대로 사고팔고 싶은 것. 안될 때는 팔고 싶고 잘 될 때는 빚을 내서라도 더 사고 싶어진다.

4. 세상 하늘 다 무너진다는 공포 뉴스. 곧 다 죽어버릴 것처럼

이야기한다. Vix 지수가 롤러코스터를 탄다. 그 공포심을 억지로 무시하는 것. (Vix 지수란 S&P 500 지수의 변동성을 나타내는 지표이다. 평시에는 20~30, 장이 안 좋을 땐 40~50 선이다.)

5. 한창 시장이 안 좋을 때 다른 자산 군에서 돈 크게 벌었다 카더라 통신. 그래서 갈팡질팡 팔무새가 되고 싶은 마음을 억누르는 것.

6. 나만큼 진중하게 애써보지도 않은 주변 사람들이 말 섞을 때마다 한마디씩 보태는 것. 그래서 조동이를 한대씩 때리고 싶은 것.

7. 과정 중도에 전략을 갈아엎고 싶은 마음. 당장 돈이 안된다는 조급함을 억지로 참는 것.

8. 1부터 7까지를 견디면서 자의적인 지출 통제의 삶 속에서 참고 견디는 것. 그래서 퇴근길에 외제차 지나가면 그렇게 미운 것.

9. 1부터 7까지를 견디면서 직장에 노예로 끌려다니는 것. 그래서 직장 상사 얼굴 보면 매스꺼운 것.

주식 대가들이 주식은 손으로 하는 게 아니라 철학을 가지고 한다는 게 이제 그럴싸하지 않는가. 다른 것에는 몰라도 투자에서만큼은 수도승이 되어야 한다. 가난의 고통스러움으로부터 몸소 깨우친 자유를 열망하는 강한 의지가 있어야 한다.

나는 주가가 발작할 때마다 반야심경 힙합 버전을 듣는다. 도움 된다. 근데 나 천주교다. 찬송가는 그런 영적 플로우가 안 느껴져서 어쩔 수 없다.

흙수저 중수 투자 전략
구체적 매뉴얼을 통해 수익률을 높이자

여기서부터 엄선한 전략이다. 다른 시중의 도서들보다 압도적으로 구체적이므로 보면서 실제로 따라 할 수 있는 전략을 제시한다. 그래서 도대체 어떻게 돈을 버는 거냐 하는 답답함이 없다.

– 미국 주식 –

〈전략 1〉 중수~ : 목표 연평균 수익률 : 15% // 퀀트 투자

여러 종류의 미국 etf들이 재료가 된다. 비중을 정해 각 etf를 함께 보유한다. 일정기간마다 시작 시점의 원래 비중으로 리밸런싱 하는 전략이다. 그 비중은 세부 전략마다 구체적인 계산과 기준에 의해 정해진다. 저자의 경우 여러 가지 세부 전략 중 고 수익률 전략 33% + 중 수익률 전략 33% + 저 수익률 전략 33%를 조합해 자신의 전략으로 삼았다고 한다. 해당 전략의 연평균 수익률이 15% 정도 된다고 한다. 초심자에서 중수로 넘어가고자 할 때 개별 종목 액티브 투자가 두렵고, 자신이 부지런한 사람이라면 추천하는 전략이다. 경기 순환 사이클을 한 두 번 경험한 투자자이면 되며, 보통 이상의 마인드셋이 요구된다.

전략화 도서 : 거인의 포트폴리오 - 강환국

〈전략2〉 중수~ : 목표 연평균 수익률 16~20% // 액티브 투자(개별 종목 투자)

전 세계 시가총액 1위 단일종목 집중투자로서 시기와 지수의 변동에 따라 보유 비중을 차등적으로 조정해나가는 투자법이다. 세계가 안정적인 해이냐 사건사고가 많은 동적인 해이냐에 따라 연 중 매매 횟수가 증감한다. 아무래도 여기서부터는 액티브 투자 기이기 때문에 간이 조금 커져야 한다. 최소한 경기 순환 사이클을 실전 속에서 두세 번은 경험한 투자자이어야 하며 강한 마인드셋이 요구된다. 변동성이 비교적 크며, 경우에 따라 워시 세일을 통해 일부러 손실을 확정 짓기도 하기 때문이다. 워시 세일은 같은 해에 확정 누적 수익액을 의도적으로 낮추어 절세의 효과를 누리기 위한 행위를 뜻한다. 기본적인 증권사 mts, hts 매매 기능(매수, 매도, 자동매매, 환전 등)에 익숙해야 하며, 해당 투자 전략에 대한 깊고 정확한 이해가 선행되어야 한다. 전략이 계속 업그레이드되기 때문에 내용의 최신화를 위하여 저자가 운용하는 카페도 매일 봐주는 게 좋다.

전략화 도서 : 조던의 '내일의 부' 시리즈, 조던의 '부의 체인저' 시리즈

▌중수 경험담 1
800만 원 갖다 버린 이야기

후우

재작년 봄인가 그럴 거다. 전략화한 투자전략에 따라 매매를 하던 중 팔아야 하는 시점이 왔었다. 이때 나는 중수에 가깝지만 어딘가 모자라 보이는 중수였다. 파는 게 계획이었지만 팔기 싫었다. 팔면 800만 원이 날아가게 생겼었으니. 매도 버튼을 눌러야 할 때 많은 아저씨들의 얼굴이 머리를 스쳐갔다. 벤저민 버튼.. 아니 그레이엄, 맥켓 든 워렌버핏, 권총 든 피터 린치, 레이 달리오인가 마리오인가 뭔가랑, 보글보글 존 보글. 그 사람들 하나같이 나보고 계획대로 매매하라 그랬다. 그렇게 활자를 읽어 재꼈는데도 진짜 팔기가 싫더라. 하루 이틀만 더 버티면 다시 오르지 않을까 싶고.

허공에 멍멍이, 시베리아 육두문자 날리고 매도 버튼 눌렀다. 팔 때가 되었는데 안 판다면 그간의 공부는 뭐였겠는가. 그렇게 800만 원 날린 기억에 설레서 두세 달 동안 가슴이 시렸다. 지나고 생각해 보면 잘한 일이었다. 그렇게 했으니 더 안 뚜드려 맞았고 추후 저가 매수도 했다. 워시 세일도 되었고. 사람 심리가 이렇다는 것이다. 아무리 읽고 공부해도 실전만 한 게 없다. 오직 실전만이 당신을 중수 반열에 오르게 할 것이다. 당신이라고 다를 것 같은가. 그렇지 않을 확률이 아주 크다. 사과나무 밑에 있다 사과로 뚝배기 맞고 만유인력 법칙 만든 뉴턴도 주식으로 죽 쒀 잡쉈다. 영국 남해회사에 투자했다가 9할 날렸다. 그러고는 천체의 움직임은 계산하겠다만 인간의 광기는 계산 못하겠다 그랬다.

나는 800만 원을 갖다 버리고도 돈을 벌게 된 경험을 한 것이다. 지금은 2-300만 원 손절하는 건 크게 어렵지 않게 되었다. 전략을 이해했고 수긍했고 믿기 때문이다. 겪어보니 실력은 이렇게 늘리는 것이었다.

▌흙수저 고수 투자 전략

내가 도전 중인 고수의 영역

- 한국 주식 -

〈전략1〉 고수 : 목표 연평균 수익률 20~30% // 한국장 트레이더 (스윙 전략)

철저한 차티스트가 되어야 한다. 기본적인 매매 기능(매수, 매도, 자동감시 등)은 당연히 알아야 하며 렌코 차트, 캔들 차트, 투자자별 매수매도 동향 등의 기능들도 보고 쓸 줄 알아야 한다. 차트 분석을 위해 6개월 이상의 책 공부와 유료 강의 그리고 소액 실전 매매 경험이 반드시 선행되어야 한다. 전략의 핵심은 거래량, 기관 및 외국인 물량 진입 이탈 여부 체크이며 아주 강력한 마인드셋, 실전 매매 경험을 통한 동물적 감각(종목의 지지선 파악, 지난 고점대에 쌓여있는 매물대를 알아보는 것, 전고점을 돌파하는 상황이 맞는지 아닌지 판단하는 것 등)이 요구된다. 변동성이 매우 크며 유상증자, 무상증자, 거래정지, 상장폐지와 같은 특이사항이 미국 주식보다 자주 발생하므로 초심자는 시도하지 말길 바란다.

전략화 도서 : 김정수의 '종목 선정 나에게 물어봐', 김정수의
'물린종목 팔릴종목 나에게 물어봐' 시리즈

– 미국 주식 –

〈전략2〉 고수 : 목표 연평균 수익률 40% // VR투자법

TQQQ를 이용하는 투자전략이다. TQQQ는 QQQ를 3배 레
버리지 한 ETF로 변동성이 대단히 크다.

2주에 한 번씩 V(TQQQ 주가를 추종하는 계산 값) 값을 갱신
한다. 고로 V 값으로부터 계산되는 최대 상하한선도 수정된
다.(보통 + - 15%)

V가 최대 상한선을 터치하면 매도한다. V가 최소 하한선을 터
치하면 매수한다.

이러한 계측화된 물량 비중 조정으로 장기투자를 한다.

제시한 전략 중 가장 변동성이 심한 전략이다. 먹을 때 +50%

빠질 때 -50% 간다. 책의 저자도 먹는 게 큰 만큼 닷컴 버블과 같은 쓰나미급 위기에서는 답이 없다고 한 전략이다.

그러나 자신의 투자 경력이 찼고 무언가 발전이 필요하다고 느껴질 때 적은 자산 비중으로 부딪혀 보는 건 좋을 것 같다. 좋은 배움이 될 것이라고 본다.

혹, 초심자 흙수저가 본다면 돈 많이 버는 거구나 하고 덥석 물지 말기를 경고한다. 나도 공부와 마인드셋 강화가 더더욱 필요함을 느끼는 고수의 전략이다.

전략화 도서 : 라오어의 미국 주식 밸류 리밸런싱

▌고수 경험담 1 : 무상증자 맞고 나락 가본 썰
실전은 최고의 스승

해외주식을 주축으로 삼지만 한국장도 직접 경험해 보기 위해 기본적으로 해야 할 공부를 한 뒤 반년 가량 코스닥 코스피에서 파도를 타본 적이 있다. 달랐다. 개 중 무상증자 맞고 나락 간 썰 풀면 재밌을 것 같아 자학적으로 썰 풀어본다. 원래 남이 멸망하는 이야기가 제일 재미있다.

일단 무상증자를 알아본다. 쉽게 말해 돈 안 받고 기존 주주들에게 주식을 나눠주는 걸 말한다. 주주들에게 좋은 일이다. 단기적으로 회사의 인기가 높아진다. 무상증자한다는 말은 그만큼 벌어놓은 돈이 많다는 뜻이기 때문이다. 무상증자하면 주가가 상승하는 것이 일반적이다. 호재로 인식된다. 그럼에도 불구하고 나락을 간 과정은 이러하다.

재미있는 경험이었다.

'실리콘 투' 라는 회사이다. 지난해 7월에 무상증자 예정 소식으로 거래량이 폭발했다. 그때 거래량 보고 한 주 넣었다. 소액으로 연습하고 가능성을 검증하는 과정은 반드시 필요하기 때문이다. 당시 연습하던 건 스윙 단타였다. (회전이 세네 시간에서 몇 달까지 가기도 하는 전략이다.) 지지를 한 달 동안 잘 지켰고 무상증자 확정 문자가 날아왔다. 1주당 5주를 더 준다는 조건이었다. 신기한 건 이게 지로 우편으로도 집으로 온다. KB 봉투에 담겨서 와서 받아보니 신기방기 했다. 뭔가 대단한 사람이 된 것 같은 착각이 들었다.

아무튼 이제 골 때리는 이야기이다. 멍청했던 나는 증자한다는 문자를 받았으니 이게 바로 내 증권사 계좌로 들어오겠거니 하고 있었다. 그게 아니었다. 한 달 정도 뒤에나 들어온다고 했다. 그 말은 즉슨 여기서 주가가 꺾이면 원래 가지고 있던 한 주는 바로 던질 수 있지만 나머지 5주는 아무것도 못하고 닭 쫓던 개 지붕 쳐다보듯 보게 된다는 뜻이었다. 한마디로 못 파는 것이다. 아니나 다를까 주가는 골로 갔었다.

이런 부분을 노리고 기관이 작전을 짰느니 외국인이 뭔 짓을 했구나 하며 푸념하는 건 아무 의미가 없다. 그저 스스로가 무지한 탓이다. 알면 알수록 한국장에는 미국장에 비해 골리앗이 다윗에게 굴을 파고 덫을 설치할 수 있는 여건들이 많았다. 그래서 호재도 호재가 아닐 때가 있고 악재가 악재가 아닐 때도 있다. 엘리어트 파동이니 하는 이론들은 실전에서 20% 정도만 맞다. 한마디로 믿을 것이 못 된다는 말이다.

이런 연유에서 한국장은 반드시! 분산투자해야 하고 반드시! 소액 검증 과정을 스스로 밟아야 한다. 개인이 모든 것을 다 알 순 없다. 안 해놓으면 진짜 골로 가는 수가 있다. 삼사 만원으로 값진 경험을 했다.

▌그럼에도 현재에 충실하려면
욜로 하자는 건 아니다

경제적 자유가 중요하고, 목표가 되어야 하고, 이뤄내야 하고. 하도 말이 많지 않은가.

나도 떠벌떠벌 말이 많지 않은가.

경제적 자유로 가는 과정 중이라고 해도 현재를 즐기자.

삶이 중요하다. 돈은 필요한 거고.

이렇게 물을 수 있다. 자꾸 아끼자면서 뭘 어떻게 즐긴다는 것이냐?

그래서 내가 하는 방법과 앞으로 할 계획을 소개한다.

가는 과정 중

일부러 번듯한 직장을 안 간다. 대학도 전문직으로 나왔고, 필드 경력 있고, 라이센스도 있어서 300만 원 받는 사무직 하려했음 진작 했을 거다. 나는 150만 원 받는 백화점 알바를 한다. 안 그래도 3년 배 타고 온지라 가족 보기 힘들었다. 나 돌보기도 힘들었다. 백화점 알바는 계산된 전략이다. 오전 8시 출근해서 오후 4시 칼퇴한다. 일요일 쉬고 평일 1번 쉬고. 주 5일이다. 그렇게 비는 시간에 글 쓰고 가족 본다. 직장을 위해 일하는 양보다 나 자신을 위해 일하는 양을 늘리고 있다. 알바로 인한 정신적 압박이 거의 없어서 좋은 전략이란 생각이 든다. 엄마나 동생 생일 챙길 수 있고 시간 같이 보내는 데에도 좋다. 연애할 땐 여자 친구랑 데이트하고 헤어지면 엄마랑 데이트한다. 엄마 왈 박쥐 같은 놈이란다. 그래도 좋아하신다. 매일 보는 게 아니니 그렇게 돈 많이 안 든다. 맛있는 거 한 끼 먹고 커피 한잔 하면 되는 것이다. 돈이 좀 부족해서 갸우뚱 싶으면 옛날 힘들었던 때를 생각한다. 이 정도면 오성급 호텔 같은 삶이다.

별거 아닌 것 같아도 별거다. 당신이 보통의 직장을 다닌다 생각해보라. 평일에 혹사당하고 주말도 찌그러지지 않는가. 시간이 나서 누굴 보더라도 평안한 마음 상태도 아니다. 나는 그 시간에 가족 챙기고 여자 친구 챙기고 내 꿈을 향해 투자한다. 평화로우면서 도전적이다. 평화로우면서 도전적이라는 말을 기억하길 바란다. 더 이상 자라지 않는 나무는 죽은 나무이다.

나는 일찍이 시드를 모았기 때문에 이런 전략을 펼칠 수 있다. 아직 시드를 완성치 못한 사람은 일단 시드를 만들어야 한다. 티켓을 사놔야 한다. 대가는 치러야 하는 법이다. 그러나 시드를 만든 이후로는 방향을 나처럼 수정할 필요가 있다고 본다. 웬만큼 했는데도 자신을 계속 정글에 머무르게 만들진 말 길 추천한다. 조직의 소모품으로 레버리지 당하고 있다면, 시간이 갈수록 어디가 북쪽인지 어디가 남쪽인지 알 수 없게 될 것이다. 수많은 인생들이 증명하고 있지 않는가.

완성 후(현 목표 38세)

나의 경우 목표 자산 크기 11억 중에서 10억 금융자산으로 연평균 20%의 수익을 가져간다고 여긴다. 지금 실력이 그렇다. 앞으로 더 발전하겠지만 돈에 관한 문제는 늘 보수적으로 보는 게 맞다. 나머지 1억은 주거 비용이다. 저 정도면 평범하고 깔끔한 집은 한다.

10억의 20%이면 2억이다. 그중 절반인 1억은 재투자, 나머지

1억은 연 생활비 + 저금 비용(안전 마진)으로 둔다. 달에 500만 원씩만 써도 많다고 생각한다. 연 6000만 원이다. 4000만 원은 마진으로 남겨두는 것이다. 내 소비습관이면 5000만 원 정도는 저금을 할 것 같다.

나는 잔혹한 10대, 20대를 보냈다. 그 20년간 정말 못되고 악한 사람들도 많았다. 그리고 가장 어려울 때 날 도와주신 고마운 분들도 있었다. 지난 시간 동안 내 앞가림하는 데에 너무 바빴다. 그래서 보답을 못했다. 엄마 쪽 숙모님들이 참 많이 나를 도와주셨다. 본인들도 넉넉지 않았지만 명절이면 늘 말없이 용돈을 주시곤 했다. 몇십 만원씩 주셨으니 적은 금액도 아니었다. 작은 외숙모님은 무릎이 안 좋으시다. 수술비가 너무 비싸 그냥 진통제 드시며 지내시는 것 같다. 고등학교 다닐 때 아저씨 선생님 한 분도 있다. 제2의 아버지 같은 분이었다. 우리 집이 난장판이었을 때 내가 길을 잃지 않도록 많은 걸 내어주신 분이었다. 용돈도 주셨다. 술 담배를 참 좋아하셨는데 이제 나이가 드셔서 반강제로 끊으셨다. 풀이 많이 죽으신 것 같다. 그 분에게도 갚을 빚이 있다.

5000만 원 저금을 저런 데에 쓰는 것이다. 내 친척이 아픈데 도움을 줄 수 있다. 내 은인이 사는 게 심심한데 재밌게 해 드릴 수 있다. 사람은 모름지기 그런 것에서 참된 행복을 느낀다. 정말 악마 같은 사람이 아니라면 말이다. 더해, 연평균 수익률이 20%라 했다. 매해 정해진 월급 떨어지 듯, 오는 돈이 아니다. 어떤 해는 얼마 안남을 때도 있을 것이니 그럴 때를 대비하는 것이다.

제5장
노예 탈출 가속화

정말 머리 좋은 사람에 관하여

부자 공략집 엑기스

흙수저의 사업모델

월급 150만 원 중 80만 원을

사업과 투자를 해가며 시나브로 깨닫는 점

▍정말 머리 좋은 사람에 관하여.
간간히 추종을 불허하는 사람이 있다.

주력 투자로 20-30%의 수익률을 상회하는 실력을 가지게 되었다면, 투자수익률 증가시키는 행위를 일시 정지한다. 그 시간과 정력을 특기 개발에 사용한다. 노동을 통한 현금흐름을 증가시킨다. 당신이 정말 머리 좋은 사람이 아니라면.

고등학교, 대학교 다닐 때 보면 진짜 머리 좋은 사람이 있다. 보통 시험 볼 때 나 같은 노력파들은 공식을 암기 한 뒤 해당 문제가 나오면 기억해놓은 공식에 숫자들만 넣어 답을 찾는다. 진짜 똑똑한 사람은 아예 공부 자체를 안 한다. 그래서 기억 영역에 남아 있는 건 아무것도 없다. 대신 문제를 파악한 뒤 자기가 방법을 만들든 공식을 만들든 창조를 한다. 그 공식과 똑같은 방법으로 풀 수도 있고 듣도 보도 못한 방법으로 답을 구할 수도 있다. 나중에 '어 책에 나온 이 공식 썼구나?'이야기하면 그 공식 이름이 뭔지도 모른다. 한마디로 수학자처럼 원리를 이해해서 자기가 그 공식을 만들어 버린 거다. 이런 사람들이 있다. 이런 사람들이 진짜 똑똑한 사람들이라고 생각한다.

이런 이들이 진정한 고수의 투자를 할 수 있는 사람들이라고 생각한다. 저런 사람들이 투자영역에서 뭘 할 수 있는지 실제 사례를 들어보겠다.

사례 1.

내 친구의 지인 중에 비트코인을 하는 분이 있다. 아쉽게도 나랑 연이 전혀 없다. 코인 수익률이 대한민국 열 손가락 안에 든다. 이더리움에 대해 상당히 긍정적으로 평가하는 인물이다. 이 사람은 자기가 직접 매매 프로그램을 하나 만들어 버렸다. 어떠한 로직을 통해 수익을 자동적으로 낸다는 것인데 이 프로그램이 몇 백억에 여의도에 팔렸다고 한다. 일개 개인이 말이다. 이런 쪽을 전공한 것도 아니다.

사례 2.

스캘핑 매매를 성공적으로 하는 트레이더, 단타를 성공적으로 하는 트레이더들이다. 이 사람들에게는 정해진 공식이 없다. 동물적 감각이다. 누구나 기본적인 공부나 경험은 노력하면 빠싹하게 익히고 쌓을 수 있다. 다만, 이 이후부터는 순전히 뇌가 얼마나 팽팽 돌아가는가의 차이라고 본다. 나 같은 일반인이 제

아무리 발악을 해도 이 경지에 오르는 게 가능할까 싶다. 흔히 말하는 전업투자자, 데이트레이더들이다.

사례 3.

워렌 버핏, 피터 린치와 같은 저명한 중장기 투자자들이다. 이들에게도 정해진 공식이나 매뉴얼은 없다. 주주총회나 세미나에서 일반인 청자가 물어본 적이 있다. 왜 당신들은 어떻게 돈을 버는지 구체적으로 이야기해주지 않느냐고. 버핏의 대답은 내가 딱 예상했던 대로였다. 자신과 찰리 멍거는 사람들이 뭘 설명 듣고 싶은지 옛날부터 정확히 알고 있었다. 그럼에도 설명을 안 하는 이유는 못하기 때문이라고. 정해진 공식이나 매뉴얼이 없다고 했다. 자신들의 경험과 짬에 의해 판단하는 기준은 있다고 했다. 그 기준은 정적인 수치가 아니라 매번 적당히 바뀐다고 했다. 그걸 어떻게 일반인에게 설명을 하고, 한다고 해도 실전 적용이 되겠느냐가 골자였다.

자신들이 잘 아는 섹터이고 상대적으로 치기 좋은 공이 오면 스윙을 한다는 것이다. 그 사람들은 꼬마였을 때부터 대학생 그리고 업계까지 수십 년을 같은 필드에 몸담았던 인물들이다.

투자 공부한 지 10년이 되니 느끼는 것이 있다.

일반인이 주력 종목으로 따라갈 수 있는 최대 수익률은 20-30% 가 아닐까 싶다. 앞서 다룬 주식투자 전략 중 30% 이상의 수익률을 가져가는 전략은 주력이 되기 어렵다. 왜냐하면 MDD 또한 상당하기 때문이다. MDD란 Maximum Draw Down의 약자로 최대 하락폭을 말한다. 그런 게임에 몇 억 태울 순 없는 것이다. 잠이나 제대로 자겠는가?

실력 향상과 소규모 투자를 위해 해 볼 법하겠다는 생각은 든다.

따라서 큰 그림에서 자산 증식의 효율성을 따져보게 되었다.

결론적으로 자신의 특기 개발을 꾸준히 해야 한다는 것이다. 몸값을 높인다. 평균 수익률이 20%를 상회한다면, 그 방향이 보다 빠르고 안전하니 효율적인 것이다. 노동을 통한 현금흐름을 증가시키자. 그 돈으로 투자 본진을 더 방어하고 더 보충해주는 방향이 현명하다고 판단된다. 다만 노동의 종류가 중요할 것이다. 본인의 성향과 상황을 잘 고려하길 바란다. 모두가 다른 사람이듯 각자의 상황에 효율적이라 생각하는 방향도 다 다를 것이다.

나의 경우 사람을 좋아하지 않는다. 기본적으로 누굴 처음 만나면 일단 사기꾼이라고 생각한다. 워낙에 전투 같은 삶을 살아서 그런지 몰라도 그래서 지금껏 치명적 손상 없이 자산 증식이 계속되고 있다고도 볼 수 있다. 방해 하는 것도, 방해 받는 것도 너무 싫어한다. 고양이과인데 약간 삵이라고도 볼 수 있겠다. 고양이처럼 귀엽진 않고 다소 험하게 생겼다.

온전히 나의 통제하에, 그렇지 못하더라도 최대한 내 통제하에 진행되는 게임을 좋아한다. 착착 정리된 것을 좋아하고 정신없이 일하는 것을 지양한다. 내 할 말도 다하고 싶다.

그래서 나는 작가가 되었다.

"

당면한 목표는 출판과 베스트셀러 달성이다.

▋ 부자 공략집 엑기스
결국 이 내용이다.

복잡하게 설명할 필요 전혀 없다. 소득 창출하는 형태는 다음의 4 가지 유형으로 귀결된다.

1. 일반 근로자 : 시간+노동력 소모. 급여 형태로 소득창출

2. 재화, 서비스 판매 : 시간+노동력+직원 관리 스트레스 소모. 자본 투하 형태. 사업 소득 형태로 소득 창출

3. 정보 판매 : 노동력 소모. 자본 x. 24 시간 판매 형태. 사업 소득 형태로 소득 창출

4. 투자 : 돈으로 돈 벌기.

부자들이 말한다. 이 중 질적으로 가장 좋은 돈 버는 방식은 4 번이다. 그러나 처음부터 자본이 있는 경우는 드물다. 따라서 다른 방법을 통해 목돈부터 모아야 한다. 그때 그들이 제시하는 방법은 3 번이다. 1 번과 2 번이 나쁘다고 가치 판단하는 것이 아니다.

모든 게임에는 공략법이라는 게 있다. 현재 부자들은
먼저 공략을 잘해서 보스 몬스터까지 잡은 사람들이므로
그들의 공략법을 귀담아들을 필요가 있다. 자본주의
매트릭스 게임에 알맞은 공략법은 3 번에 이은
4 번이라는 답을 한다.

효율적이라고 했지 쉽다고는 안 했다. 3 번을 성공적으로
행하려면 제시하는 정보 자체도 가치가 있어야 하고 더
중요한 것은 제대로된 세일즈 능력이다. 이들은
시행착오와 시간, 공부 없이는 불가능하다. 스스로도 이
부분을 계속 도전하고 있지만 아직 대단한 성과는 없다.
그러나 방향은 맞게 가고 있으므로 계속 가고 있는
것이다.

만약 내가 이걸 대학생 때 알았다면 보다 경제적 자유에
빨리 도달했을 것 같다. 대부분 파이어족을 추구하는
사람들은 1 번에 이은 4 번을 하고 있을 것이다. 나도
1 년 전 까지는 그 상태였다. 지금은 추를 이동했고
3 번에 이은 4 번을 추구하고 있다.

1 번에서 3 번으로 넘어가는 게 두려울 것이다. 나도
그랬다. 실제로 해보니 두렵고 고통스럽다. 허나 나는
답안지대로 움직이고 싶었다. 답안지이기 때문이다.

1 번에 머무르는 것은 편안하면서 서서히 농축되는 리스크이다. 부자들, 승자들의 의견이다.

신은 스스로 돕는 자를 돕는다 하였다.

▐ 흙수저의 사업모델
경제적 자유 가속화 전략

일반적인 사업의 과정을 이야기해 보자. 그게 가게가
되었든 제품판매가 되었든 다 적용되는 이야기 말이다.
보통 가게를 한다 치면 상가를 임대하거나 사야 하고
들어가는 집기나 장비를 사야 한다. 제품판매를 하려고
치면 제품 재고 확보를 할 것이다. 그리고 판매나 유통,
홍보에 필요한 운반책이나 서비스에도 돈을 쓰게
되어있다. 누구나 생각하는 시작 방식이다. 시작부터
뭉탱이 돈이 술술 새어나간다.

내가 생각하는 흙수저의 사업모델은 이 초보단계에서 두 단계를 더 거쳐 올라가야 한다.

첫째는 순서 바꿔치기이다. 흙수저는 자본이 없다. 위 내용처럼 사업을 진행한다고 치면 빚을 내는 방도 외에는 방법이 없다. 이는 가장 경계해야 할 점이다. 따라서 빚을 내지 않고 무자본으로 진행하는 것이 핵심이다. 수요를 먼저 받아들여서 입금이 일어나게 한 뒤, 고객에게 실물을 전달하는 순서가 되어야 한다. 무자본을 가능케 하는 시퀀스이다.

둘째는 인플루언서이다. sns 나 유튜브가 발전해서 그런 도구를 사용하자는 흔해빠진 말은 누구나 할 수 있다. 한마디로 큰 효용이 없는 조언이라는 뜻이다. 핵심은 인플루언서이다. 사업의 주체인 내가 인플루언서와 협업을 할 수 있어야 한다. 그게 어떤 방식이고 어떤 값을 지불하더라도 말이다. 그 사람의 영향력을 지원군 삼아 홍보를 진행해야 한다. 고객들의 수요를 만들어 내야 입금도 되는 것이다. 판매할 실물의 가치보다 이것이 더욱 중요하다. 아직 인지도가 없는 언더독이 가장 해내기 어려운 부분이라 할 수 있다.

스스로도 출판을 진행하면서 이 원칙에서 벗어나지 않으려고 노력하고 있다.

첫째에 해당하는 것은 자가출판이며 둘째에 해당하는 것은 인플루언서 물색이다. 자가출판의 경우 애초에 재고를 만들어 놓지 않는다. 주문이 들어오면 그때 책을 제작하기 때문에 고객 주문에서 도서 전달까지 일주일 정도의 시간이 소요된다. 배송 기간이 길어진다는 반박이 있을 수 있겠다. 그러나 책은 다급하게 필요한 물건이 아니다. 그냥 읽고 싶어서 사려는 물품이다. 며칠 더 기다린다고 큰 차이는 없다. 물론 구매 시 시간이 좀 걸린다는 말을 잘 전달하기는 해야겠지만 말이다. 배송기간 며칠 줄이자고 천만 원 이천만 원 써서 재고 쌓아놓는 건 현명하지 못한 선택이다. 수요도 파악이 안 되었을 시기이다.

인플루언서 물색은 말 그대로 유명한 사람을 내 편으로 만든다는 것이다. 성공한 사람들의 마음을 움직일 수 있어야 한다. 진심을 어떤 식으로든 전달하고 거절과 거절을 이겨내어 감동을 주어야 한다. 절실함만이 살길이다. 시련은 있어도 실패는 없다는 정주영 회장의 말을 내 것으로 만들어야 한다. 이 출판을 하는 과정에서 이미 수많은 거절을 겪었다. 정말 하다 하다 안되면 사무실 앞에서 콧물 닦아가며 거지 꼴을 하고 그 사람을 몇 날 며칠 기다려야 한다. 불쌍해서라도 도와주게끔 말이다. 나는 그럴 용의가 있다. 간절하기 때문이다.

나는 이것이 흙수저가 추구해야 할 사업 모델의 핵심이라고 생각한다. 절대 쉬운 일이 아니다. 그러나 단언컨데 방향은 이것이 맞다. 당신이 흙수저이고, 어느 정도 주식 투자 규모와 실력이 잡힌 상태에서 경제적 자유 가속화를 위해 사업을 병행하자고 한다면 이 글이 굉장히 유용할 것이라 자신 있게 말할 수 있다. 스스로가 이 역경을 겪어보고 하는 말이기 때문이다.

▌월급 150만 원 중 80만 원을.
빚을 내서라도 간다. 배우러.

나는 부산 산다. 23년 1월 중 서울 강남에서 오프라인 강의를 듣기 위해 예약했다. 박세니 선생님의 쎈멘탈 강의이다. 강의료는 50만 원으로 두 번의 일요일 간 도합 10시간의 강의이다. 교통비와 식사비까지 해서 80만 원의 예산을 잡았다. 내 알바 월급은 150만 원이다. 당장 수중에 돈이 없어 예약금만 이체하였다. 열심히 모아야 한다. 여차하면 친구한테 돈이라도 꿔서 올라갈 요량이다.

앞서 언급했듯이 부자들을 배우는 일에 돈을 투자해야 한다. 그렇게 돈 투자하며 배우는 사람들이 절대로 여유가 있어서 하는 것이 아니다. 날 봐라. 이제 땅이라도 파먹고 살아야 한다.

대다수의 흙수저들은 나에게 말할 것이다. 너 호구냐고. 솔직히 그런 생각 안 해본 건 아니다. 나는 바보가 아니다. 그런 생각이 드는 독자가 있다면 다른 관점을 제시해 주겠다.

비단 박세니 선생님뿐만 아니라 우리나라에서 각 분야 정상을 달리는 사람들이 있다. 설령 내가 호구라고 쳐도 그런 사람을 대면하여 뭔가를 배운다는 것에 이 정도 돈이 나가는 것은 싸게 먹히는 거라 본다. 그리고 나는 이 분을 오랫동안 모니터링하였다. 의심이 많은 내가 돈과 시간을 들여 그분을 보러 가는 이유가 있다. 평소에 자기 개발서를 많이 보고 돈 되는 것에 관심을 두다 보면 진짜와 가짜 구별은 생각하는 것보다 쉽게 된다. 다른 것은 다 차처 하더라도 실력 없는 사람이 시그니엘에 살 리가 없다. 한국 제일가는 부촌이다. 나보고 호구라고 비꼬는 사람들 중에서 시그니엘 사는 사람은 없다.

박세니 선생님은 인간 본연의 심리, 자기 최면, 타인 최면, 메타인지 등의 개념에 대해 가르칠 것이다. 우리나라 사람들이 이런 단어들에 부정적으로 반응하는 게 사실이다. 익숙하지 않기 때문이다. 다단계니 사니기 하면서 말이다. 유심히 보아온 사람이라면 느껴질 것이다. 이것들이 새 시대 새로운 먹거리의 원천이 될 것이란 것을. 이건희가 20세기 말 반도체 R&D에 사활을 걸었던 것처럼. 노키아가 왜 망했는지 생각해보라. 신문물을 배워 따라가지 않는다면 만성적인 패배, 도태와 파멸만이 기다릴 것이다.

▌사업과 투자를 해가며 시나브로 깨닫는 점.
그래도 또 글 쓰고 있지 않는가.

나 또한 왕도가 있을 거라 생각했다. 그들만의 비밀스러운 기술이 있는 줄 알았다. 실전 투자를 5년간 이어오면서 그리고 최근에 회사가 아닌 나를 위한 일을 해나가면서 느껴지는 것이 있다. 부자가 된다는 건 표면적으로는 기술적인 문제처럼 보이나 궁극적으로는 의지의 문제이다. 대단히 똑똑한 사람이 아니라면 말이다.

투자를 한다 치면 자신이 택한 전략에 관련된 지식과 기술을 익혀야 한다. 세상의 돈이 어떻게 움직이는지, 그런 걸 표현하는 데 사용되는 용어의 뜻은 무엇인지, 어떤 것이 핵심적인지 하는 것들을 공부해야 한다. 그걸 공부하는 것부터 의지가 필요하다. 처음 접하면 딱딱하고 어렵기 때문이다. 둘째로 10년 이상을 지출 통제하며 인내해야 한다. 굉장히 고통스러운 과정이다. 고통을 인내한다는 것도 의지의 문제이다.

사업을 한다 치면 그 일과 관련된 지식과 기술을 익혀야 하는

데, 한 사람이 세상의 모든 기술을 알거나 배울 수 없다. 물리적 한계가 있다. 그래서 자기 성향에 맞는 한 섹터에 시간과 에너지를 몰빵하게 된다. 배우고 도전하고 실패하고 또 도전하다가 잘 된다. 이 과정도 엄청난 인내와 고통이 수반된다. 개인적으로 투자보다 몸과 마음이 훨씬 고통스럽다고 본다. 이것은 더 큰 의지의 문제이다.

나도 의지가 강한 편이지만 아직까지 내세울 정도까지는 아니라 생각한다. 실패가 덮치면 여전히 힘들어하기 때문이다. 그건 당연한 거라고 주변에서 이야기하지만 스스로는 부족하다고 생각한다. 실패가 와도 큰 흔들림 없이 계속 가는 괴물같은 인물들을 실제로 본 경험이 있다. 나는 지금은 그들을 이길 수 없다. 이런 인물들은 노예 매트릭스를 탈출하게 되어있다. 시간문제일 뿐이다. 본받기 위해 부단히 노력 중이다.

태어날 때부터 부자인 2세 3세들에게는 부를 유지할 정도의 의지만 있으면 된다. 그러나 흙수저 집안 1세대 자수성가 인물에게는 무에서 유까지 가고야 말겠다는 사활의 의지가 필요하다. 그 의지는 정말이지 미친놈 소리를 듣고 살 만큼 강해야 한다.

성공이란 게 아무나 할 수 있는 일이었으면 사회에 그런 사람들이 대다수여야 말이 맞다. 그들은 소수이다. 대다수는 자본주의 노예 매트릭스 안의 노예들이다. 아무나 할 수 없는 어려운 일이 맞다. 그러나 나는 해낼 것이다. 해내야만 하기 때문이다.

요즘들어 sns나 유튜브에서 성공과 관련한 인물들이 많이 나온다. 가짜도 진짜도 많이 나온다. 그래서 자연히 자주 접하게 된다. 독자들에게 전한다. 진심에서든 상술에서든 그들이 표현하는 '누구나 성공할 수 있다는 말'에 무지성으로 수긍되지는 말았으면 좋겠다. 현실 인지를 냉정히 하는 것에서부터 맞는 방향을 설정할 수 있다.

책 '타이탄의 도구'에서 기억나는 구절이 있다.

만약 당신에게 10년짜리 중장기 계획이 있다고 해보자. 짧지 않은 시간이다. 그만큼 어렵고 가치가 큰 성취를 목표한 계획일 것이다. 누군가 장전된 총을 내 머리에 겨누고 그 일을 6개월 안에 이뤄라고 한다면 당신은 어떻게 될까.

영화 '파이트 클럽'에도 비슷한 장면이 있다. 브래드 피트는 동양인 편돌이를 대뜸 길바닥에 꿇어 앉힌 뒤 리볼버를 뒤통수에 겨누고 어렸을 적 꿈을 물어본다. 그는 수의사라고 대답한다.

그걸 이루기 위해 지금 뭘 하고 있는지 물어본다. 신통치 않은 대답이 나왔고 내일부터 당장 제대로 된 준비를 하지 않으면 찾아가 죽여버리겠다고 윽박지른다. 그리곤 그냥 보내준다. 브래드 피트는 줄행랑치는 그의 뒷모습을 보며 내일 아침밥이 그에게 정말 맛있게 느껴질 꺼라 말한다.

책의 저자, 영화의 감독이 창작한 작품 일부에서 표현된다.

현실에서 성공의 난이도는 저 정도가 된다는 말이다.

매스컴에서 성공은 누구나 할 수 있다고 말하지만 동의하지 않는다. 아무나 할 수 있는 게 아니다. 첫째로 자신의 주권이 침탈당하는 것을 인지할 수 있는 지적 능력이 있어야 한다. 이어서 그것에 대단히 분노할 줄 알아야 한다. 끝으로 주권 회복을 위해 전쟁을 선포하고 군대를 소집해 작전을 전개하는 사람만이 성공 여정을 시작이라도 해보는 것이다. 이런 사람은 많지 않다. 적어도 내 인생에서는 그러했다. 성공을 한 사람을 말하는 게 아니다. 그 과정을 시작이라도 하는 사람을 말하는 것이다.

내가 평범한 삶을 살고 있는 것 같지는 않다.

고난을 거칠 수록 나의 본질에 대해 고민하게 된다. 왜 나는 참으로도 가난한 집에서 태어나 불우한 유년기를 거쳤으며 다 커서는 또 왜 평범히 살지 않을까.

개인적인 도전을 시작한 초창기에는 이러다 시간만 보내고 청춘 조지면 어떡하나 하는 생각에 안절부절못했다. 이제는 끝내 이렇다 할 성공을 못 만들더라도 다시는 평범하게 살 순 없는 지경에 이르렀다. 'freedom or die trying'이 되었다.

지금의 나는 불확실성에서 오는 불안감보다 직장생활에서 받는 억압감이 비교 불가할 만큼 더욱 크다. 그래서 맞는 길을 가고 있다는 확신이 든다. 내가 무슨 남들과 다른 길을 가서, 도전하는 삶을 살아서, 열정을 가진 삶이라서 방향에 확신이 생기는 것이 아니다. 흔하디 흔한 자기 개발서나 영상물에서 맨날 하는 저런 말들은 반절은 허튼 소리라고 생각한다.

본인이 경제적 자유를 달성하고 성공하고 싶다면 꼭 혼자 사색하는 시간을 가져볼 것을 권한다. 왜 성공해야만 하고 이대로 살면 왜 절대 안 되는지에 대한 구체적인 근거를 확립하길 바란다. 근거가 단단히 다져질수록 성공을 향한 천리행군 중에 자빠져도 다시 일어설 수 있는 가능성이 커진다. 반드시 여러 번

자빠지게 되어있기에 말을 하는 것이다. 직접 겪어보니 정말 그렇다. 분명한 차이가 있었다. 지난 22년 한 해 동안 나는 무수한 도전을 했고 99%는 실패했으며 순탄히 잘 되는 일은 단 하나도 없었다.

그래도 여기서 또 글 쓰고 있지 않는가.

에필로그

▌ 그럼 흙수저는 행복이란 거. 다 늙어서 합니까?

노블레스 오블리주.

어려운 문제이고, 나도 늘 고민하는 문제다. 경제적 자유나 파이어족이 목표가 아닌 사람들도 많다. 오히려 아닌 사람들이 더 많을 것 같다. 이 주제에 대해 이렇게 접근해본다.

그럼 연애하고 비싼 차 굴리고 좋은 음식 좋은 옷 입고 지금을 최대한 즐기면 정말 행복할까?

나는 아니라고 결론이 난다.

미래 준비가 안되었다는 걱정이 마음 저 깊숙한 곳에 둥지를 틀고 있기 때문에 파티 후엔 늘 공허하고 불안한 감정이 스멀스멀 내 머리와 가슴속을 정복했다. 아침에 일어나 눈을 떴을 땐 더 심하게 느껴진다. 암울한 내일만이 날 기다리는 것 같았다. 비싼 차와 비싼 음식 비싼 옷을 즐겨야 하기 때문에 일도 힘들게 계속해서 해야 한다. 그러다 보니 자기 시간이 없고 몸도 상할 확률이 높다. 사실 가족과 애인도 1차원적인 쾌락들에 익숙해져 잘 못 돌보게 된다. 그래서 욜로 하다가 골로 간다는 펀치라임이 있다.

솔직히 말해 경제적 자유, 파이어족을 중장기 목표로 두고 살아도 고통스럽긴 매한가지다. 자의적인 생활고에 만성적으로

164

시달려야 한다. 모든 것이 계획대로 간다면 약 10년 이상을 지출 통제 하에 살게 된다. 흙수저가 파이어족으로 가는 길은 마치 나사에서 우주선을 화성으로 보내는 것과도 비슷한 과정이다. 모든 게 계획대로만 가는 걸 바라고 견디고 노력하지만, 계획대로 가기도 참 어렵다.

그렇다면 나는 왜 욜로를 선택하지 않는 걸까? 어떤 대단히 고상하고 고차원적인 멋진 이유를 들 수도 있겠지만은 굳이 그런 이야기는 하고 싶지 않다. 멀리 갈 것도 없다. 가족을 생각해보자. 흙수저의 가정은 대체로 경제적인 문제뿐만 아니라 가족 구성원 사이의 히스토리에도 골칫거리가 있을 확률이 아주 아주 높다. 나 또한 마찬가지인 상황이다. 자원이 풍족하지 못하니 당연하게 나타나는 고질적인 문지방 안 현상이다.

자원이 풍족해지면 해결될 문제들이 대부분이다. 다는 아니지만 거의 다. '한번 사는 인생 욜로 하자' 좋다 이거다. 근데 나 혼자 딴따라하고 있는 게 부모님과 형제에게 너무 무책임하다고 느껴질 때가 곧 온다. 나도 아직 서른이 안된 나이지만 불 보듯 뻔한 일 아닐까? 향후 10년 이내에 누가 아프게 되거나 집에 큰일이 생기면 그 일을 해결할 능력이 없는 나 자신을 뼈저리게 원망하게 될 것 같았다. 그건 내가 생각하는 멋진 어른의 모습이 아니다. 사람 사는 인생에 그런 일들은 필연적으로 생길 것이고 말이다.

흙수저가 경제적 자유를 쟁취하는 게 정말 힘이 든다. 힘이 많이 든다. 하지만 인생을 크게 보면 반드시 해내야 하고, 그렇지 못한다 한들 아등바등 시도하고 끈질기게 노력하는 삶이 중요하다고 믿는다. 엉망진창인 집에서도 한 사람이 먼저 나서서 용기 있게 진격하면 다른 이들도 양심의 가책을 느껴 따라오려고 하는 현상이 생긴다. 나의 경우가 그랬고, 지금 우리 집안이 그러하다. 요즘 보면, 지난 10년에 비해 다방면으로 많이 좋아졌다.

'노블레스 오블리주' : 전장에서 늘 귀족과 왕족이 선발대의 선봉을 맡았다. 병사들의 사기가 오른다.

내가 힘을 갖추었기 때문에 집안마다 한 명씩 있는 말썽꾸러기를 억제할 수 있다. 국제정세에서 힘에 의해 평화가 유지되는 원리와 똑같다. '예전에 비해 많이 나아졌다 요즘 행복하다' 그런 말 하시는 어머니 표정을 보며 진정한 행복을 느낀다. 이제는 그 나아진 얼굴빛을 봤으니 욜로 하고 싶다고 느낄 수는 없게 되었다.

시 하나를 띄우며 내 첫 글 작업을 마친다.

"

그리고 이제는 비록 지난날 하늘과 땅을 움직였던 그러한 힘을 갖고 있지 못하지만, 지금의 우리는 우리로다. 한결같이 변함없는 영웅적 기백, 세월과 운명에 의해 쇠약해졌지만, 의지는 강하도다. 투쟁하고, 추구하고 찾으라. 그리고 굴복하지 마라.

알프레드 로드 테니슨 의 시 '율리시스'